KB270607

멈출수 없는

사랑

멈출수없는 

초판1쇄 발행 | 2009년 4월 20일

지은이 | 이다선
펴낸이 | 채주희
펴낸곳 | 엘맨

등 록 | 제10-1562호(1985.10.29)
주 소 | 121-230 서울특별시 마포구 망원동 379-41
전 화 | 02-323-4060, 322-4477
팩 스 | 02-323-6416, 080-088-7004
메 일 | elman1985@hanmail.net

ⓒ 이다선 2009

기 획 | 이종덕   마 케 팅 | 김연범(010.3767.5616)
디자인 | 지킴이커뮤니케이션   마케팅지원 | 정수복 · 이정숙

정 가 | 8,000원
ISBN | 978-89-5515-292-0 03230

멈출 수 없는 사랑

Can Not Stop Love

이다선 시집

엘맨

맑은 심성과 기도의 시인,
이다선 사모

배명식 (시인, 한국 크리스챤 시인협회회장)

마당에 가득 피었던 국화꽃도 시들고, 청도감빛 아름다운 가을이 창가에서 볼 수 없는 겨울이 왔다가 다시 떠나간 그 자리엔 어느새 봄의 화사함으로 물들어지는 아름다운 자연의 순환은 오늘도 여전히 조물주의 신성을 드러내고 아직 꽃잎을 피우지 못한 빈 가지들도 늦봄의 새순을 움 틔우고 다시 새롭게 꽃피울 준비하고 있음을 생각하면 하늘 위나 하늘 아래 만상의 조화 앞에 커다란 경외와 감사가 나오지 않을 수 없다. 그래서 시인의 마음은 촉각을 세우며 사라지지 않는 감성으로 아름다움의 언어를 빚어낸다.

내가 이다선 사모님을 알게 된 것은 해마다 신인 문예상을 공모하여 작품을 뽑는 크리스챤 신문사의 편집위원의 일을 하면서이다. 시의 기교나 구성에서 빼어난 작품만을 고르다가 신앙적 표현이 잘 드러나는 작품쪽으로 관심을 모으고 작품선정을 할 무렵, 이다선 사모님의 투고 작품을 대하게 되었다. 교회와 일상에서 건져 올린 많은 작품은 어떻게 하면 신앙이 육화된 언어를 빚을 수 있을까 하는 고심이 작품 하나하나에 스며있어 작품을 선정하는데 주저하지 않았다.

이다선 사모의 시는 때묻지 않은 사물을 보는 맑은 심성과 영적 삶에서 묻어나는 기도의 시편이다. 성경속의 다윗의 많은 시편이 그러하듯 일상의 바쁜 일과 속에서도 눈에 들어오는 도시와 농촌의 공간의 경계를 넘고 보이는 들꽃이나 보이지 않는 천상의 세계를 시속에 담고자 고심하면서 끊임없는 정진을 꾀하는 시인의 해바라기와도 같은 열정을 가졌다. 해바라기는 설사 뿌리박고 서 있는 땅이 아무리 척박한 박토라 할지라도, 꽃피운 자리만은 언제나 그 영지의 중앙이다. 왜냐하면, 그 훤철한 키, 굵은 꽃대, 둥글고 빛나는 꽃대는 흡사 새로 지은 단청 올린 한 채 덩그런 한옥과 같기 때문이다.

내가 이다선 사모를 만날 때마다 기쁨의 에너지를 뿜어내는 기품 때문만이 아니라, 살아가는 일상에서 사유하고 행동하는 모든 일들이 언제나 천상의 세계로 향하는 기도의 향일성(向日性)이요, 한 판 해바라기만 한 열도를 견주고 있기 때문이다.

시인의 세계는 시인의 실존과 함께 나아가는 순수의 세계이며, 살아있을 때만이 향유하고 빛을 발하는 사유의 성곽에서 빚어내는 언어의 정점이다. 그리고 무엇보다도 기독교적 세계관을 지니고 거듭난 영혼으로 할 수 있는 구속 주에 대한 감사와 찬양이 언어로 드러내는 관제라 할 수 있다. 인류 최초의 시는 아담이 하와를 향해 던진 말에서 찾을 수 있고, 죄가 존재하지 않은 에덴에서 동산을 함께 거니시는 창조주의 계시에서 드러난다.

이다선 사모는 이제 첫 시집을 냈다. 첫 삽의 의미는 무엇보다도 값진 산고의 일이다. 앞으로의 정진을 꾀하는 감성이 깊이 베어나 많은 사람들을 기쁘게 하리라 여겨진다. 이후에 한국 기독교 시인으로서 그 자리를 견고히 하는 열매가 계속해서 맺혀지기를 소원하며 시도의 길에 하나님의 가득한 은총을 기도해 본다.

작은 새

박주광(대구 새동산 교회 장로)

새장 속
갇힌 한 마리 작은 새처럼
자유로움 얻기 위해 힘찬 날개짓 하여도
둘러싼 올무로 인해 벗어날 수 없는
답답함의 세월들

그분의 도우심으로
이상의 나래를 펼쳐 보아도
살아 온 지난 세월 의지하며 살아 왔건만
주어진 그 은총 깨달지 못 하였네

오직 주님만 보기를 원합니다

푸른 하늘에 꿈을 펴고서
어두움 밝혀 주님 따르게
나를 태우소서

그분의
구속함 가운데 하늘 높이
날아오르는

작은 새 되게 하소서

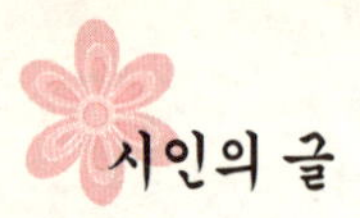

시인의 글

-깊은 밤에 쓰는 편지-

시를 써서 누군가에게 보인다는 것이 참으로 부끄러운 생각이 듭니다.
"시를 왜 쓰세요?" 라고 누군가 물어 왔을 때 내 맘은 마치 정제
되지 못한 언어의 활화산처럼 속에서 대답을 하고 있었습니다.
"숨을 쉬지 않으면 죽을 것 같아서….!" 시는 내 안에서 날마다 숨
쉬는 나의 호흡이 분명했습니다. 매일 신선한 산소를 마심으로 내
삶이 존재하듯 내 영혼도 매일 아름다운 언어를 찾아 사랑을 고백
하고 호흡을 해야겠기에 생의 아픔이 느껴지는 순간마다 한 편의
시를 쓰곤 했습니다. 그러기에 시는 어쩌면 내 삶의 동반자이며 언
제나 내 가슴 속 깊이 숨겨둔 그리운 나의 사랑하는 애인이었습니다.

사랑하기에 보고 있어도 또 보고픈 것처럼 늘 소중한 보석으로
가슴에 품어 사랑을 고백하고 사랑을 주고받던 날들이었는데, 이제
마치 그 사랑의 달콤한 밀어 속에서 영원을 약속하는 행복한 사랑
의 고백을 하는 '언약식' 을 하듯 매우 조심스럽게 부족한 언어들의
표현으로 첫 시집을 냈습니다.

한 여자이지만…
하나님의 축복으로 부름 받은 한 牧師의 아내가 되어 살아 온 긴
세월 동안 틈틈이 써 온 목회 일상의 산문 같은 작은 글들을 모았습

니다. 막상 탈고를 해야겠다 싶어 작심을 하고 모아 둔 작품을 한 편 한 편 선정하다보니 더욱더 부끄러운 마음이 들어서….

한참을 망설이다가 마침내 믿음으로 용기를 내어 마치 알몸을 드러내듯 한편씩 한편씩 수줍고 부끄러운 심정으로 인사를 드립니다.

누군가 시집의 제목이 〈멈출 수 없는 사랑〉이란 것에 대하여 그리고 누구를 향한 것인가에 대하여 조금은 장난기 섞인 질문을 합니다. 그에 대한 나의 대답은,

"죽는 날까지 하나님과 사람 사이에서 멈추지 않고 흐르는 것이 죄인을 구하시는 그분의 성혈이듯 사랑 또한 끝없이 흐르고 있다는 것을 말하고 싶어서" 라고.

얼굴을 붉히듯 답하는 제 맘 한 구석에 순간 그분의 속삭임이 들려서 기뻤습니다.

이렇게 부족한 영혼의 시집이 나올 수 있도록 특별히 함께 힘을 모아주신 많은 분들께 감사의 마음을 전하며 기회가 다시 주어진다면 더 나은 언어의 모습으로 사랑하는 임들을 다시 뵙고 싶습니다.

끝으로 늘 곁에서 힘이 되어주신 사랑하는 가족들에게 지면을 빌어 감사의 맘을 전하며, 격찬의 추천사를 써 주신 배명식 牧師(시인)님과 엘맨출판사의 임직원께 진심으로 감사를 드립니다.

이다선

차례

제1부

행복이 꽃피는 나무

감꽃 목걸이

유년의 기억 속
아침마다 뒤 뜰 가득 떨어져 널려 있던
황금빛 감꽃들 주워 모아서
아카시아 향기 속 콧노래 부르며
무명실에 꿰매어 목에 걸었던
감꽃 목걸이
나는 행복했네
공주처럼 우아한 자태로
사뿐사뿐 온 동네 거닐며
배꼽까지 내려오는
황금빛 별꽃 목걸이 목에 걸고서
마치 빛나는 금테를 휘감아 두른 듯
세상 모두 다 내 것인 듯
뽐내 듯 여유로운 몸짓으로
노랠 불렀다

사랑이 무엇인지
아직 모르던 어린 시절
왕관처럼 빛나는 감꽃 목걸이
목에 걸고 걸고 있는 나에겐
모두 다 사랑하는 임이 되어
나는 공주 너는 왕자
행복이었다

하나님이 원하시면
이 시간 시계의 초침을 되돌려
생애 단 한 번만이라도 그 시간 속으로
되돌아가고 싶다

내 유년의
그리운 아버지 기침 소리 들리는
뒤 뜰 감나무 아래로 돌아가고 싶다

달팽이

습기 찬 음지
길바닥에 온종일 주저앉아
힘겹게 집 한 채 끌고 다니는 인생
어디 너뿐이냐

박봉의 월급쟁이 평생 모아도 사기 힘든
비싼 집 한 채 끌고 다니면서
습한 곳에서 종일 울고 있는 너
사치스럽게 느껴져

신나게 춤추고
동네잔치 한 판 벌여 보아
층층 벌집처럼 보여도
두 발 뻗고 사는 데는 양호해
춤추며 살아

푸른 잎 위에서
한 평생 뒹굴다 보면
집을 등에 지고 살았는지
가슴에 안고 살았는지
감각도 없는데 불평을 할까
감사뿐이지

달팽이
집 한 채 언제 살까
날 좋아 하는 어여쁜 각시 데리고
오손 도손 행복하게

끙끙 거리듯
둥근 집 한 채 장만 하여

풀잎 위에서
집을 이고 살아가도
행복할 것인데

그 치과에 가면

정겨운 오솔길처럼
어디선가 흘러나오는 향기
풋풋한 아낙네의 목소리
평안으로 이끌어가는 찬양
하나님 사랑의 손길
세 여인의 웃음으로
피어난다네

그다지 크지도 작지도 않은
아담한 공간의 아늑한 눈빛 속에서
현대의학의 뛰어난 치과 장비로
하얀 꽃잎 닮은 치아를 다독이는
부드러운 곡선의 손길들
상대에 대한 꽃빛 따스한 배려의 언어들
아름다운 사랑의 평안으로

모두 다 그리움이어라 어린 기억 속
그다지 정겹지 않은
무서운 치과 의사와 환자보다는
정겨운 오누이 처럼
허물없는 한집의 자매들처럼
가슴 속 훈훈함이 느껴지는
그곳 대구 동인 치과에 가면

행복꽃 핍니다
천 년을 되뇌어도
못다 이룬 사랑의 그리움처럼
아름다운 사랑의 언어가
수많은 영혼을 하얀 치아를 만지는
세 여인의 행복한 눈빛 속으로
노란 개나리처럼 피어
손짓합니다

촌 음(寸陰) 앞에서

이슬처럼 사라질
한 송이 들꽃 같은 사랑을 위하여
아무리 세월을 잡으려 해도
그분의 허락하심 없으면
어쩔 수 없는 안타까움
앞에서

영혼 속 토하는 상처들
멍든 가슴으로 찢어 피고름 짜 내고
다시 또 울어 보아도
여전히 답 없는 침묵 속 시간들
공허함의 반항이었습니다

무엇을 보고 있었나요
바람에 흔들리는 갈대의 부드러운 옷
오래 된 숲을 흔드는 바람의 몸짓
가난한 영혼을 보았습니다

소유하고자 몸부림치다 놓았을 때
이미 가득히 안겨진 보석들의 빛나는 눈망울
아, 거듭나서 심처에 묻어 버리고
내려와 춤추는 저 천사들의 자유로운 몸짓 보았고
신비로운 금향로의 비밀을 알게 되었습니다

이제 온 누리 달려 소식 전하고 싶습니다
이승의 욕심 떠난 빈자리에 곱게 핀 한 송이 꽃
구속자의 가슴 속 향기 되어 살겠노라고
바람결에 전하고 싶습니다

행복이 꽃 피는 나무

행복을 꽃 피우기 위하여
사랑스런 언어의 씨알들 한 바구니 가슴에 담아서
내 기도 속 날마다 만나는 사람들
그 고운 가슴 속으로 살며시 뿌려 주고파
이슬처럼 영롱한 순수의 눈망울 하나
문득 창 열고 바라보다가

어디선가
별빛 같은 내 가슴 속 잠시 머물기로
붉은 꽃씨 한 알 심으며 맘속으로 드리는 기도는
한 송이 꽃으로 피길 기다려 본다

꽃씨에 물을 뿌리고
봄비의 체온으로 살갗을 스며드는
촉촉한 언어의 빗줄기
단 한 번뿐인 인생의 텃밭에
뿌려 주리라
사람은 무엇을 먹고 살아 가는가
사랑의 빗물 속 피어나지요

그리움 속 아름다운 생각들
그 숱한 느낌의 나뭇가지마다 순수의 꽃잎들로 피어나
밤새 노래하는 작은 천국의 뜰이여
그대와 나의 사랑이 살아 호흡하는
영혼의 뜰 가득히 뿌려지는 고운 언어의 씨알들
오랜 가뭄 끝 단비처럼
행복의 나무로 자라게 하는
주님 사랑의 봄비

詩人의 아내

꽃잎을 보다가
문득 그림을 그리다 詩를 쓰고 있는 한 남자를 바라본다네
그 남자에게로 가면
저 꽃송이가 한 편의 시가 될 것을
순간 꽃 한 송이 가슴에 안고 달려가서
웃음으로 꽃잎을 내미는
詩人의 아내

구름 속에서
다시 하늘을 바라보며
한 송이 꽃이 시로 피어나길
들꽃처럼 이슬 같은 눈물로 기도드리는
아름다운 詩人의 아내여

詩가 행복인가
일이 태산처럼 밀린 오늘도 무엇이 그리 좋은지
시집 온 새색시 붉은 볼처럼 곱게 익은 가을 감을
살포시 가슴에 안아 본다

아내를 위하여
한 폭의 그림을 그리고 멋진 노래를 부르는 시인과
詩人의 아내는
이미 감꽃 피는 봄 날부터 설레이고
감이 붉게 익어가다
봄날도 가을인 마냥 설렌다

그림을 그리며
시를 쓰는 詩人의 아내는
미소 지으며
붉게 익어가는 청도의 붉은 감처럼
가난할지라도
늘 발그레 피어나는
가을 연시처럼
오늘도
붉게 익어만 간다

이 프로(2%) 부족한 사랑

하나님께서는
어여쁜 사람의 영혼 속
아무리 채워도 늘 부족한 듯한
사랑의 빈 항아리 하나씩
나누어 주셨습니다

그러나 사람들은
아무리 채워도 느낄 수 없는
작은 영혼 속
포만감을 채워보려 발버둥치고
밤마다 몸부림치며 춤을 추고
배고픈 늑대처럼 소리 높여
깊은 울음을 웁니다

그리워서 한 번 울고
보고파서 한 번 울고
잊지 못할 추억 때문에
또 한 번 울고

기다리다 지쳐서 또 한 번 울고
거부할 수 없는 또 하나의 사랑 때문에 또 한 번 울고
생은 늘 눈물이랍니다

그러나 울지 마셔요
여기 영원히 목마르지 않는 사랑의 생수
한 두레박 길어 올려
그대 앞 정성스레 꽃잎 띄워
올려 드립니다

달려가는 태양을 멈추시고
달빛의 걸음을 머물러 서게 하신
아름다운 내 님의 능력으로

당신의 영혼 속
마시고 또 마셔보아도 늘 부족한 영혼 속
이 프로의
행복한 사랑의 생수 한 두레박
그대에게 드리오니

목욕탕에서

목욕탕에 가면
가슴이 묵은 때 씻은 후
하얗게 변한 영혼을 보는 듯
신비로운 느낌을 맛보는
평화로운 시간 속
들길에 피는 꽃잎들의 향기를 느끼듯
산길의 낙엽을 보듯
알몸으로 오고 가는 여인들 모습 또한 각기 다르게
부드러운 곡선의 예술
신비로움이어라

하얀 살결의 여인들
들국화 향기로운 산길을 보듯
코스모스 핀 오솔길을 보듯
인간을 아름답게 창조하신 그분
능력을 찬양하는 순간들
평화로움이어라
동네를 휘 저으며
잘 난 척 하던 사람들
벗고 보니 더 나을 것 없는

생의 허허로운 마음을 비우는 훈련을 하듯
뜨거운 사우나 안에서 뻘뻘 땀을 흘린다
어른이든 아이든
발가벗은 사람들의 눈빛은 저마다 순수한 아가의 웃음처럼 욕심 없이
빈 마음의 평화 에덴동산이어라

고등학교 3학년 엄마는

고등학교 3학년 엄마는

늘 피곤한 눈빛으로
일어나 새벽밥을 지을지라도
그래도 아이보다는 편하리라고
위로 받으며 산다

새벽 1시 즘에야
쳐진 어깨로 돌아 와서는
또 다시 먼동이 뜨기 전에 달려 나가는
피곤한 아이의 뒷바라지를 밤늦도록 할지라도
다시 새벽 일찍 일어나
도시락 몇 개 챙겨 보내야 하는
엄마는
늘 피곤하여

사랑하는 자녀 위해
기도드리는 이른 새벽 잠 설침들

살다 보면
때로는 짐같이 여겨지기도 하는 것은
피곤한 엄마의 모자라는 잠 탓일까
할 일 많은 엄마는 언제나
학생보다 더 바쁘게 움직이는 하루하루
두 눈꺼풀이 늘 피곤하다

거울 속에서

살다보면 간혹
거울 앞에서 낯선 나를 보듯
내가 누구인가를 잊은 채 멍하게
모르는 나에게 박수 보내는
또 하나의 나를 본다

누구에게도 보이고 싶지 않은
먼 기억 속의 아픔 한올 한올 말없이 풀어내어
하늘 위 그리움의 연줄로 띄우며
높이 더 높이 날고파 연실을 풀어 올리며
바람 불기만을 기다리는 어린 아이들
소박한 꿈처럼

더러는
꽃잎이 되고 구름이 되고 향기가 되고
때로는 온 몸으로 생을 사는 한 마리 지렁이가
되어 보기도 하며
때로는 듣는 이도 없는데 소리치며 응석 부리는 내 모습
아가처럼 철없어 보일 때도 나는 웃고 울고 노래하고
바보처럼 굴다가
다시 술 취한 취객의 밤길 걷는 모습처럼 휘청거리듯
텅 빈 집으로 돌아와
들판에 저 홀로 두 팔 벌리고 서 보는

이 행복함
자유로운 순간이다

무소유의 허수아비처럼
그저 바람이 불면 부는 곳으로 흔들리다
마침내 바람 멈추어 서면
다시 고요한 바다 위 떠나는 단배 하나로
그리움의 바다로 흐르는
안개 속에 사는 나를 본다

꽃밭 훔쳐보기

그 언제부턴가
마음이 우울한 날이면
꽃들의 미소 가득한 정원이 보고파
낡은 콘크리트 옥상 위로 올라가
옆집 뜰 연못 꽃비단 잉어들
살며시 훔쳐보곤 했었다

하얗게 조각달 떠 있는
한 낮에도 빛나는 별이 보고파
아이들의 낡은 양말 짝 몇 켤레 들고서
뜨거운 여름 옥상으로 올라가
와락 하늘을 쓸어안아 뜨겁게 포옹하는
그러한 나날들

따가운 옥상 위에서
정겨운 옆집 정원 바라다보노라니
단 한 뼘 땅도 없는 내게
빌딩 몇 채 짓고도 남을 듯 넓은 옆집 마당
널찍한 황토밭 땅 뙈기들
눈부신 초록빛 정원의 꽃잎들
내 마음 속 기쁨으로 채워지는
작은 행복의 꽃들

오늘도
아무도 모르게 숨겨진 내 마음 속 정원에
곱게 핀 백매화, 철쭉, 목단, 아이리스 벚꽃, 개나리 꽃
무릇 이름 모르는 꽃들의 이름까지 되뇌어 본다

잠들어 있던 황토빛 대지 위
죽지 않고 살아 있다는 기념으로
한 순간 추억을 남기려고

까만 모자 쓴
꼬마 생쥐 한 마리 담벼락 아래서
생긋 웃어 보인다

행복 연습

밤사이
평안을 바라며
가물거리는 눈빛으로
꿈을 꾼 듯
조용히 일어나는
아침

슬펐던 어제를 추억으로
미소 지으며 노래하는 여유로움
익숙해지는 훈련 중

생은
늘 바람이고
꿈이고
하늘에 뜬
별
한 점 안개인 것을

자유로운 몸짓
흔들림으로 넘어짐으로
다시 일어서는 축복
반복하는 삶 속

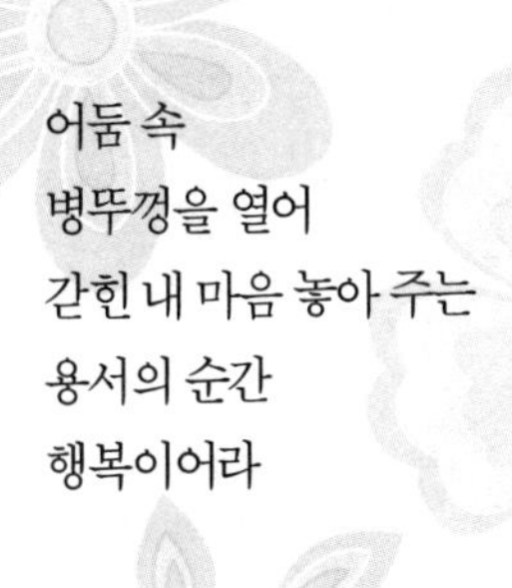

어둠 속
병뚜껑을 열어
갇힌 내 마음 놓아 주는
용서의 순간
행복이어라

바보 같은 그 男子의 인생 이야기

삶은 늘 바람이런가
바보 같은 그 남자에게서 나는
香氣
늘 사과꽃 향기처럼 가슴을 태워
온 밤 별을 헤듯 외로움에
바람을 기다리고 구름을 기다리다가
마침내 고요한 바다 위에
작은 배 한 척 떠오르는
아침이 오면
밤새 불던 바람은 어디로 사라졌나
흔적도 없이
그리운 아버지~~
생이 무엇인지 어렴풋 알듯 말듯 할 때 쯤 만난 자유의 물결
암흑 같은 한 시대의 등불이 된 추억
혼을 사르며 생명을 걸었던 투쟁, 민주화의 꿈
삼 십 년 만에 이루어 진 후
목숨 같았던 백합꽃의 사랑
그녀는 어딜 갔나
모두 다
바람 속에 날아가 다오

이제는
미련 없이 살아온 날들 부끄럽지 않은 생이였기에
한 점 부끄럼 없어라
그대 마음은 아직 열일곱 소년
푸른 풀밭위에 백마를 탄 듯 맘껏 달려요
하늘에 구름이 내려와 반겨주듯
그대의 맘은 온통 구름 속에 휘감겨 노래하고
그대의 가슴은 온통 그윽한 허브 향으로
새들의 하얀 날개에 편지를 붙이는
희망을 가지고 달려 보아요
사랑의 우체부처럼
남은 삶
행복의 꽃마차를 탄 멋진 왕자님으로
돌아가 살고 있다

그 女子의 마음

힘겨움 속에서도
늘 웃던 그녀의 마음을 예전엔 미처 몰랐었다
지금은 느끼지만 그때는
눈에 보이는
그녀를 가장 행복한 여자로 알고
그녀를 부러워하며
홀로 가는 슬픈 자유로움보다
길고도 짧은 한 세상

차라리 조금 힘겨울지라도
속세를 등진 한 남자와 함께하는
그녀처럼 살기를 바랐다

한 남자를 위하여
매일 고운 옷매무새를 매만지기보다는
정한 시간에 두 손을 모아 찬미 드리며

영혼의 고고한 품위를 지켜 나가며
온종일 땀내 나는 힘겨운 공사판을 기억하며
고통하는 이들의 눈물을 닦아주는 자세로
사명의 길 걸어가는
그 삶이 더 보람되고 행복할 것이라고
하늘의 음성을 듣고 스스로 택한
그 女子의 긴 항해
지금 어디까지 왔을까

한 생애
아직 채 반도 못 뛰었는데
이제 그녀는 다시 지치고 있는가
꽃이 지고 열매 맺고 다시 피고 다시 지는
수많은 반복 속에서
사람들은 저마다 원하지 않는 삶의 길로
끌려가듯 힘겹게 달려가고
세상은 온통 먹고 마시는 문제에 생명을 걸어
마음을 비운다 비운다 하면서도
쉬이 비워지지 않는
미래에 대한 염려와 근심들
가득 찬 마음 속

무릎으로
온 밤 몸부림 쳐 보아도
쉽게 채워지지 않는 꿈의 공간들
약속의 땅에도 슬픔이 있는가
흔들리는 순간의 절망들
모두 다 그녀의 눈물일지라도
아직도 꿈을 먹고 살아가는
그 女子의 마음은

오직
하늘에 있다

고난 日記

98년 5월 27일 맑음
그나마 간신히 남아 있던 몇 가지
낡은 가제 도구들
군데군데마다 붉은 딱지가 붙여지고
눈물마저 붉어지는데

드디어
성큼성큼 다가서 오는 시간들
졸이던 그녀의 가슴이 말없이 울고
바라보던 영혼들 함께 울고
지친 눈물도 다시 운다

이러한 아픔의 광경이야
이 어려운 경제 위기 시대 속
결코 남의 일은 아닐진대

하필이면
남편도 없이 두 아이 키우는 딱한 처지의 그녀일까
온 지구상 돈 조각들 다 어디서 숨바꼭질을 하고
이렇게 가슴을 조이나

경매의 화근이 된
거시기는 이미 남의 것 되어서
하얀 타이탄 트럭에 실렸는데
그 물건 받아 들고 좋아라고 웃음 짓던
해맑은 아이들 웃음이 쓰린 눈물과 함께 실려서
멀리 손을 흔들며 떠날 때
무언가 내 안에서 울컥 넘치는 알 수 없는
액체가 공중에서 분산된다

IMF시대 이전부터
이미 IMF 시대였던 우리들 가슴 속
오늘밤 또 하나의 슬픈 못 자국 하나
깊숙이 박혀 있다

이생에서 영원한
내 것은 없다

이생에서
무엇이든 영원한 내 것은 없다
빈 마음으로 당당하게 웃음 지으며
그 누구도 흉내낼 수 없는
가장 아름다운 영혼의 몸짓으로 진동하듯
새처럼 사랑하라

뒤돌아 보라
들에 핀 꽃 한 송이도
내 것 같아도 내 것이 아니며
품안의 향기로운 꽃잎들마저도
내 것이 아닌듯한
지극히 당연한 진리 같은
소중한 깨달음 속
평안함

달빛 아스러지는 밤
물빛 영혼으로 쓰는 시 한 편 가슴에 안고
미련 많은 세상을 다 버린 듯 초연한 눈빛으로
홀로 사색에 빠져 뒤척이는 밤

문득
어디선가 다정스레 날아와 속삭이던
갈색 나뭇잎 하나

적막에게
사랑 고백하는 한 장의 편지로
날아든다

축복 송

오! 아름다워라
내 뼈 중의 뼈요 살 중의 살
그대 나의 사랑이여
들에 핀 꽃잎보다 더 고운 웃음으로
나에게 다가와 준 그대
나의 사랑이여

수줍은 듯 숨겨진
하얀 너울 속 그대의 두 뺨은
석류 쪽처럼 붉어라

햇살 아래 핀 꽃
나의 사랑 나의 어여쁜 자야
너는 나의 영혼이어라

살아가는 날 동안
화창한 햇살 그치고 비 오는 날
우리는 서로에게 우산이 되고
꽃피는 날에는
갈급한 대지 위 적시는 봄비가 되어
단 한 번뿐인 소중한 인생길
가장 아름다운 인연으로 맺어져
함께 가리라

태초부터
이미 계획해 놓으신 우리의 만남은
우연이 아닌 축복이기에
변함없는 아름다운 사랑으로 가꾸어
한 송이 행복한 꽃 피우리

날마다 향기로운 기쁨의 꽃 피워 나가는
사랑으로 함께하면서

중간 결산

한 세상 살면서
스스로의 결정에 한하여
자유로운 선택의 혜택도 없이
누구나 한 생애 한 번쯤은
내려서
바꾸어 타고 가야 하는
고달픈 인생의 완행열차
41번 중간 지점에서

IMF를 만났다
몸부림을 쳐보지만
이미 하얀 파도가 휩쓸어 간
바닷가 모래 위 조각난 꿈 조각들
다시 곱게 쓸어 모아서
한 올씩 한 올씩 조심스레
기워야 합니다

언젠가 분명히
이 긴 생의 항해 끝나고
그분 앞에 설 때에

한 점 흠도 없이
오직 굳건한 믿음으로 살아간
내 삶의 하얀 무덤 가로
무성히 핀 안개꽃 다발을 놓아 줄
고마운 사람들의 가슴 속 가득히
고운 향기로 남고파

지나 온 발자국마다
아름다운 보혈의 깊은 바다에
푹 잠기어 씻으면서
지나온 생의 중간 지점에서
철저히 점검을 하여야 하리
생의 한 가운데에서

유츠프라카치야 사랑

임이시여
오늘 이 시간 나처럼 힘드시나요
내가 힘들다고 느낄 때
당신은 더 힘들 텐데
나는 오늘도 저 홀로 힘든 듯
홀로 울었습니다

주님 앞
언제나 죄인임을 느끼면서도
주님의 눈빛을 놓치고
저 홀로 물 위에 홀로 서 있는 베드로처럼
초라한 제 자신을 바라보며
순간 바다 속으로 빠져드는
깊은 절망을 느끼며
나 자신보다는 주님을 바라보려
몸부림치다가 돌아 온
이 밤이 너무 힘이 들어서
누군가에게

그저 조건 없이
단 몇 분이라도 내 말에 조용히 귀 기울이며
나에게 위로의 말을 건네 줄
그 누군가가 필요했기에
벨을 울립니다

따르릉~~
하지만 되돌아 오는 건
빈 폰 멜로디 소리뿐
아무도 없는 듯

나는 또 홀로
나만의 사랑을 그리듯
한 포기의 유츠프라카츠야처럼
먼 기억 속 남겨진
그 누군가의 손길을 그리워하며
빈 예배당 안에서 홀로
울었습니다
세상 모두 다
온전한 몸짓으로 잘 살아 가는데
나만 홀로 초라한 모습인듯
외로운 밤과 싸우는
포장된 상자처럼 모순된 삶의 전쟁터에서
다시 한 번 더
또 하나의 나만의 유츠프라카츠야
그리운 이름을 부르며
홀로 울었습니다

당신은 정녕
영원히 변함없는 나만의
유츠프라카츠야
진실한 사랑

오직 가식 없는
진정한 사랑의 가슴으로 만져주는
단 한 사람만의 손길을 느끼며
깊은 밀림 속에서 서식한다는
신비한 유츠프라카츠야
그 식물처럼

오직
당신의 손길만으로 자라는
당신의 유일한 유츠프라카츠야고 파
두 손 모아 울고 있는
나의 영혼 속

병실에 있다 보면

무제

지루한 IMF 시대
주일 밤 예배를 참석 한 후
집으로 돌아와 만찬에 참여하고
피곤에 지친 몸살기 떠나보내려
약국을 찾아 나섰습니다

자정은 아직 멀리 있어도
어둑한 거리를 지날 때마다 보이는
술집 안 표정 없는 여자들의 슬픈 웃음소리들
결제도 없이 와르르 거리로 쏟아져 나와서
슬픈 나의 가슴 더욱 슬프게 하였습니다

오갈 곳 없는 실직자의 아픔을 달래려
콧노래를 부르는 남자들의 실없는 웃음소리들
괴로운 IMF 빗물로 쏟아지고

쉰 목을 가라앉히는
소염제와 박카스 몇 병을 들고서
어디론가 걸음을 옮기는 내 모습도 어느새
희미한 술집 안의 슬픈 여자들 표정 마냥
가식된 삶의 웃음으로 장식한 채 그저 소리 없이
늦은 밤 술 취한 자들이 집을 찾아가듯이
마냥 교회로만 향하여 갔었습니다

보이지 않는 하늘 우러러
한 점 부끄럼 없기를 간절히 빌며
생각의 모든 화면들을 지우려 애쓰는데
가슴엔 핏물 같은 하얀 눈물이 흐른다
아! 삶이란 이러한 줄 알았었지

가슴에 두 손을 얹은 채로
아무리 생각에 생각을 해 보아도
나의 두 뇌로는 도무지 이해할 수 없는
이 세상의 수많은 아픔과 사연들
모두가 다 남의 것만은 결코 아님을
언제나 늘 말하지만 오늘만큼은 더욱 더
가까이 다가서는 아픈 낱말들로
나의 가슴을 후려칩니다

입술을 지켜 주어야 할
그 누군가의 아픈 사연들 속
주연이 때론 자신인 듯 가슴 저릴 때
아무런 생각도 없는 무표정으로
돌아서는 내 모습은 아마도 이 시대의
슬픈 사랑의 자화상이었던가 하며
무제의 한 편 소설을 남기듯 돌아설 때에
별빛은 더욱 더 곱게 빛납니다

자운영 꽃

강변 가득히 피어 난
보랏빛 자운영 꽃 보면서
무엇이 생을 이토록 힘들게 하나
깊은 생각에 잠기노라면

생이 늘 행복뿐이랴
바람도 구름처럼 피었다 잠들고
안개 또한 흐르다 멈추어 아픔을 토하고
꽃잎도 피었다 떨어지거늘
하나님 얼굴 피하여 도망치는 요나
잔잔한 바다 위 달빛 보고 있거늘
다가오는 사랑의 풍랑 속
어디로 숨으랴
연보랏빛이어라
아파서 가슴 가득 숨어 피는
십자가 아픔의 색깔
고향의 꽃
꽃 속에
다시 피는 보랏빛 추억들
송이송이 애달픔으로
남겨둔 채
한 생애 동안
나란히 평행선으로 달리다

하늘과 땅 만나는 날
단 한 번뿐이라고
가슴 타는 눈물의 꽃

자운영이여
내 너를 위해 기도하노니
그윽한 보랏빛 눈망울 속
주님사랑으로 피어
노래하라

친구라는 이름 앞에서

이 가을엔
꽃잎을 바라보듯 사랑하는 마음으로
맘이 통하는 친구라는 이름 앞에서
손 내밀어 안아보자

깊은 바다 속
수많은 사연이 있다 하여도 보이지 않아
수많은 사람 속에서
서로에게 대하여 많은 걸 모른다 할지라도
아무런 이유도 없이 사랑하고 그리워하는 맘 있다면
우리는 정겨운 친구이어라

굳이 한 잔의 술이 없으면 어떠랴
아름다운 영혼을 혼미케 하는 한 잔 술보다도
서로 이해하는 훈훈한 맘 하나 있다면
이미 마음은 취객의 콧노래처럼 흥겨울 것을
서로 용서하고 사랑하자

그대와 나
혹 오늘 지구를 떠나 또 다른 곳으로 가야 할 운명이라면
우리는 또 무슨 말 남기고 갈까
"날 용서해 줘" 이 한 말 못 다 하고 갈지도 몰라
사랑한다 외치며 서로 손잡고 가자

사연 많은 세상 속
아내와 남편으로 무거운 짐 진 채
부모노릇 하느라고 힘들었고
자식도리 하느라 힘들었지 않는가
사람답게 살아보려 온 몸으로 몸부림 쳐 온 지난날
이제는 조금이나마 나누고 용서하고 삶으로
웃음으로 살아가자

친구라는 이름 앞에서
모두 다 얼싸 안고 둘러앉아서
통기타 노래 소리 나는 모닥불 앞
추억을 이야기 하며
밤새 춤을 추듯 흥겨운 콧노래로
생을 부둥켜 안고 화합으로
함께 행복해 하며
한 잎 낙엽처럼 가슴 태우며
한 영혼을 사랑하자

그녀는

그녀는
언제나 행복하다 하더군요
가진 재물 별로 없고 웃을 일 그리 많아 보이지 않는데도
언제나 보름달 빛처럼 환하게 웃어 보였지요

삶이 그다지 화려하거나 눈부신 것 아닌데도
마음은 언제나 아름다운 추억 속에 살고 있는 듯
피어나는 꽃잎처럼 투명한 새벽이슬을 머금은 채
늘 웃고 있지요

이슬처럼 해맑게 젖어 있는 눈빛
한 생애 못다 이룬 애닳은 사랑 이야기 속
가시나무 새 핏빛 눈물이었지요

그녀는 늘
많은 아픔들을 홀로 삭히며 상대를 편하게 하고
나보다 남을 더 사랑하면서 살펴주는 고운 마음으로
하늘빛 사랑 받으며 살아가는 은총 속
신비로운 한 송이 꽃처럼

세상사 모두다 폭풍 속 시련이라 할지라도
강한 바윗돌을 감싸는 포근한 솜털의 부드러운 기적으로
아픔을 감싸 안으며 사는 신비로운 진리를 깨달아
언제나 웃으며 살았지요

오월이 오면

한 점 물방울 같은
뿌연 안개 속 초라한 인생에게
온 우주보다 크신 임 찾아오신
오월은 행복이어라

보랏빛 등나무 꽃 아래서
하늘 향해 기도하는
소녀의 맑은 눈망울 속 반짝임처럼
날 위해 비시는 성령님 웃음소리
오늘도 행복이었네

그리운 어머니 품저럼 아늑한 오월
꽃피는 고향길 거니노라면
어디선가 가슴 가득 안겨오는 정겨운 얼굴들
하얀 아카시아 꽃잎으로 향기 발하네

오늘도 고향 마을
열일곱 나물 캐는 아가씨 가슴 속
두근두근 설렘 속
아무도 모르게 사랑의 꽃 피네

나무 _ 1

한 그루의 나무를 보네
거친 비바람 속 넘어지지 않으려 몸부림치는
거대한 한 그루 나무의 흔들림

간절한 부르짖음이다
물가의 심긴 뿌리 깊은 나무처럼
바로 서게 하여 주소서

아름다운 환청처럼 어디선가 들리는 한 줄 음성
흔들리지 않으며 자라는 나무 어디 있으랴
비바람 속 너를 지키는 나의 사랑을 믿어라

우리는 모두 다 안개요
그분의 손에 움직이는 종이인형
넘어짐도 일어섬도 그의 뜻
그 누가 거역하랴

첫사랑의 상처로
사랑에 목마른 한 영혼의 방황은 시작되고
잎 두터운 거대한 나무 한 그루 흔들릴 때마다
산꼭대기 바위틈 신비롭게 향기 발하네

삶의 방향을 잡아주듯
가지마다 휘어감은 사랑의 은빛 철사
흔들리는 가지마다 휘휘 감아 잡으시고
그윽한 사랑의 눈빛으로 저 하늘 끝에서 바라보시는
주님의 손길 까닭에 새 힘을 얻는 영혼들
그 무엇 다르랴
밤새 숲을 지키시는 그분의 손길로 살아가는
한 그루 나무 같은 삶

나무_2

거부할 수 없는 몸짓으로
저 세상 향하여 내 사랑하던 이들이 모두 떠난 후에도
나는 잊지 못할 한 그루 나무로 이 땅에 머물러
생을 찬미하고 싶어라
한 점 두려움 없이
붉은 피 흘림으로 비소로 한 송이 꽃으로 피는
순결한 영혼의 향기를 발하며
순교자의 사명으로
부름 받은 초심의 믿음을 외면한 채
세상으로 향하던 숱한 날들
다시 십자가로 향하는 기쁨의 축제
영혼이 느끼는 황홀한 포옹
혹독한 대 환란의 바람에도 견디며
재림의 주님
그 영광스런 잔치에 참예할 신부
아름다운 주님의 교회들
앙상한 겨울처럼 잔혹한 고난의 시간도
견뎌내는 강한 훈련 속

새 에루살렘 성전 뜰
한 그루 빛나는 나무가 되기까지
죽음 앞에서 기뻐하는 법을 배우고
울지않는 법을 배워
불법의 세상 속 문드러진 영혼속 상처들
진리에 대한 무모의 죄악들을
하나씩 보혈로 씻으며
텅 빈 영혼 틈으로
밤새 쉬지 않고 불어대는 저 모진 유혹을
이기는
주님의 아름다운 한 그루 나무되기까지는

민들레의 기도

봄 개울
흐르는 한 줄 물처럼
해맑은 아이들 웃음소리 흐르는
아파트 담벼락 끝자락 쯤
숨어 핀 듯 수줍은 한 송이 꽃
앉은뱅이 꽃이여
그리운
아버지의 하늘 가 닿을 수 없는
안타까운 혼자만의 숨겨진 아픔 있어도
외로움 견뎌 낸 후
내일은 하얀 홀씨 되어 훨훨 날아가고픈
분홍빛 꿈꾸리라

오늘도
어여쁜 꽃잎 같은 고사리 손 모아서
기도하는 아이들 모습
보석으로 빛나는 아침 예배
꽃이 피었다
아이야 너는 자라서 무엇이 되련
꽃빛 가득한 예수님 마음 온 누리 전해주는
민들레꽃으로 피어 희망을 주렴
저 어둡고 차디찬 골목길에서
두려움에 떨고선 아이들 여린 마음 속
환하게 밝히는 한 줄기 눈부신 빛 되렴

노란 앉은뱅이 꽃
훨훨 하늘로 날고픈 간절한 소원
결코 잊지 않고 들어 주시는
좋으신 하나님
꽃잎 같은 아름다운 마음으로
향기가 되렴

오월의 기도

그리움 향기 흐르는
붉은 장미꽃 넝쿨 사이사이로
아직 설레는 열아홉 청춘의
내 마음 꽃으로 피어

하얀 아카시아 핀 길섶
보리밭 위에 들리던 종달새 노랫 소리
붉은 참꽃 한 아름 안고 놀던
오월이 오면

달리는 바람 마차를 타고
흐르는 저 한낮의 뭉실 구름을 베개삼아
맘껏 하늘 구경하는 신비로움으로
행복노래 하게 하소서

오월에는
온 세상 사람들 영혼 속
창조의 신비로운 은총 깨달음으로
산천초목 바라보게 하소서

그리움의 눈빛으로
하늘 바라보는 연인들 마냥
가슴 속 사랑이 꽃피는 젊은 영혼으로
날마다 다시 피어나게 하소서
향기 발하게 하소서

소낙비

한 세상
무슨 한 그리도 많아
이토록
뜨거운 눈물 흘리시는지
모르는 마음
애타다

마침내
한 줄 소낙비 되어 내리는 마음은
꽃비로 내리고

그대
바라보는 눈빛은
한 편의 시처럼 흘러서
먼 가람으로 떠난
임
찾아 가나요
가덕도
소양 보육원 아가들
눈빛처럼
순수한
첫 사랑의 흔적을 찾아
흘러내리는
소낙비

병실에 있어 보면

살아 건강하다는
그 자체 모든 것 감사함이다
살아서 호흡이 있는 한
주님 앞에서

창밖으로 갈색 나뭇잎 한 잎 떨어져
투명한 유리창 사이에 낄 때
그리운 이들의 향기 살아 숨쉬는 텅 빈 병실에
홀로 있는 외로움이 싫어서 눈을 감는 순간
온 몸을 휘감아 오는 외로움들
나뭇잎처럼 휘날린다

외롭다 말거라 이만큼의 축복
그 얼마나 행복에 겨운 은총이던가
계절이 찾아온다고 모두다 꽃잎으로 피지 않는다
젖은 이슬의 손길과 햇빛의 은총을 받아야 하고
가끔은 마른 땅 적시는 빗물 스며야 하고
따스한 가슴 열어야 한다

사랑하는 사람들을 두 눈으로 바라볼 수 있다는 것은
그 얼마나 아름다운 기적의 행복한 순간들인가
단 한 시간이라도 병실에 있어 보면
그 어떤 환경에 처하여 있을지라도

절로 감사하는 마음으로 변해가는 마음이다
나는 오늘도 스스로 행복하다 최면을 걸 듯
말없이 푸른 하늘을 우러러보며
다시 되뇌인다

비 오는 날

가물던 땅 바닥 사이사이
반가운 소낙비 한 줄기 내리는 날이면
행운이라고 좋아 소리치는 것이
어디 우산장수뿐이랴

긴 시간
흙속에 묻혀 살던 지렁이도
왠지 가슴이 울적해지는 듯
땅 속 가시밭길을 헤치듯 기어 나와
방황하며 기댈 곳을 찾아 헤맨다

마치
신들린 사람 마냥 내리는 빗줄기 따라
하늘로 날아오르듯 몸부림쳐본다
다시 권태로운 땅바닥위로 곤두박질쳐
온 몸으로 방황한다

그리운 마음에
꽃잎들도 저마다 고운 가슴을 열어
반가이 하늘을 향하여 입맞춤하는 미소로
사르륵 영혼 떨리게 하면

여름 밤하늘
흐르는 달빛의 사랑에 빠져들어
모진 세상의 끈으로 묶어져 몸부림치는
비온 후의 지렁이와 달빛 사랑은
영원보다 아득하여
죽음도 갈라놓을 수 없다

都市의 가을

가슴이 탄다
붉게 타다 지쳐 노랗게 탄다
때로는 검붉게 타다 가슴을 치며
임 그리워 울 듯
갱년기 여자의 고통스런 불면증처럼 온 밤을
흐느끼듯 붉게 물들어 간다

가로등 꺼진
검은 도시가 붉은 색으로
물들어 간다

외로움, 우울증, 불면증, 상사병 중

삶은 아직 여름처럼
그다지 나이도 먹지 않았는데
왜 가을이 왔는지
푸른 나뭇잎이 퇴색되는 비밀을
우리는 알지만
가끔 모르는 척 하는 것이
아름답다

이 밤
누가 울고 있는가

외로움에 새벽을 깨우 듯
"따르릉~" 울리는 저 알람 소리
어머니는 일어나 무릎을 꿇으시고
두 손을 모은 채
멀리 있는 자식 걱정에
가슴 타시는데
아침이면 또 다시 바빠지는
도시의 가을 길
붉게 탄다

가을 女人

임 오시는
천고마비의 하늘 햇살 아래서
조용히 커피를 마신다
무심코 올려다 본 하늘이 나에게
끌림으로 내려 와
뜨겁게 입맞춤 하는 순간
황홀이어라

붉게 물들어 가는
잃어버린 여인의 붉은 심장이
다시 바다를 끌어안고
노을빛 가을 바다 속으로 뛰어 들면
여인은 다시 또 불새처럼 훨훨
하늘을 날까

생의 고독을 노래하는
인적 끊긴 고즈넉한 산길 가득 번지는
들국화 향기 가슴 가득히 안고서
한 생애 사랑으로 살다 간
낡은 갈색 나뭇잎들의 속삭임 들으며
별빛 아래서
노을처럼 붉게 타고 싶다고 안타까운 목소리로
귓전을 울리며

달빛 따라 호수 건널 때
농익은 사과처럼 붉게 물들어가는
여인의 사랑 이야기 한 줄

깊어 가는
가을 밤하늘 별들에게
들려주리라

어머니

겨울 베란다에 곱게 핀
고운 꽃들의 정겨운 속삭임 들으며
맑은 하늘을 바라보는 아침

오늘따라 유난히 그립습니다
강원도 찰옥수수를 즐겨 드시던 어머니
씹다 만 입안의 옥수수 알알이 드러내 보이시며
세상에서 가장 천진난만한 소녀의 눈빛으로
너무도 행복해 하시던 어머니

조건 없는 사랑으로
눈에 넣어도 아프지 않을 듯 자식을 향한 뿌듯한 내심들
어머니의 가슴에는 모두다 보물이라
열 손가락 깨물어 안 아픈 손가락 없노라고
한 생애 되뇌이시던 그 시 한편 못 다하신 마지막 유언처럼
가슴에 살아나는데

홀로 조선의 여인인 듯
남존여비의 시대 탓 하시던 어머니
다시 남정네로 오실 수 있다면
내 가장 가까운 곳에 서 있는 한 남자처럼
나의 사랑으로 오시어

외로운 나그네 삶
밤마다 하늘의 별들 헤이시며
윤동주 님의 맑은 영혼을 노래하시고
한 시대를 논하여 밤을 지새우시며
사랑이 무르익어 가는
연못가에 불 지펴 주소서

어머니
이제는 다시 만날 수 없는
향긋한 그 젖내음과
세상에서 가장 아늑한 그 자궁속의
평안함
잔소리처럼 들리던 삶의 무수한 훈계들
오늘따라 유난히 그리웁기에
대답 없는 메아리일지라도

홀로
조용히 불러 봅니다
어머니~

공동체

우울한
회색빛 눈물 한 줄기가
꽃잎 위에
말없이 뚝뚝 떨어질 때
순간 흔들리는
영혼의 전율

진정
차가운 빗물을 싫어하는
여린 꽃잎들
오랜 날
가뭄에 목말라 비를 기다리는
마른 땅
동그라미 세상 살다 보면
비 좋아하는 땅과 비 싫어하는 꽃잎들 있지
그래도 마른 땅 위 비는 내려야 하리
더러 꽃잎 떨어질지라도
공동체 삶
모두다 사랑으로 손잡고
다 함께 가요

내리는 비 때문에 떨어진 꽃잎들
내리는 비 때문에 자라는 나무들

모두다 상주시며
눈물 닦아 주실 주님 곧 오시니
오늘은 인내로 함께
손잡고 가요
꽃빛 눈물
영혼의 눈물샘 주신
주님께 감사하는
언어로서

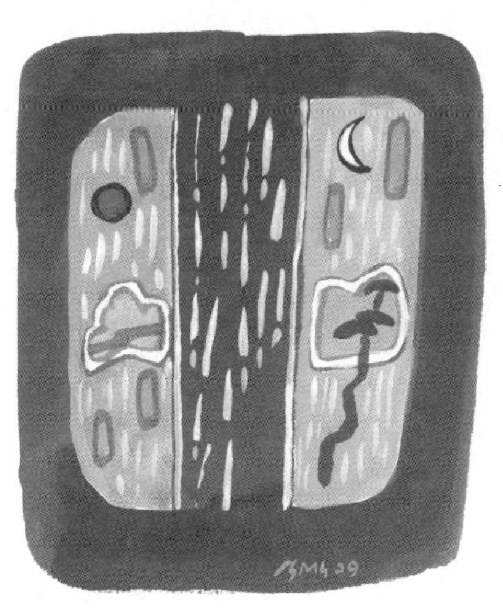

행복한 눈물

밤새
강이 되어 흐르는 눈물
그 위로 흐르던 달빛의 입맞춤
황홀한 추억으로 남아
한 송이 자운영 꽃으로
피었다
꼭 눈물이 보여야 우는건 아니다
해바라기처럼
웃고 있어도 우는 날 있듯
울고 있어도 행복한 날 있는 것
나는 오늘도 울고 있다
너무 행복하다고
다만
나로 인하여 누군가 울지 않는 행복한 삶이기를
하늘 우러러 빌어 보는 맘
달빛이 보고 있을까
별빛의 손목을 잡고
먼 곳의 우리님께 전해다오

멍들은 밤은 파리에 지고 나 아직도 그대를 사랑하고 있다고
오래 된 시 한 구절을 기억해 내어 위안을 받으며
나는 또 살아있으므로 행복하다고
고백하는 이 순간의 기적을
추억으로 남기며
또 하나의 좁은 길 따라 걸어 간다네
끝없이…

밀양에 가면

쪽빛 하늘 드러누운 듯
반짝이는 물결의 속삭임 들으며
밀양강 줄기 따라 올라가 보라

영남루 맞은편 강변으로
천천히 산책을 즐기며 거슬러 가노라면
저 만치 가까이 나타나는 넓은 운동장과 놀이터에
그네 타는 아이들 모습이 정겹고

하낫 둘 우렁찬 기압 소리 맞추어 달리는
밀양의 후세들 땀방울이 가람으로 흐른다
고개를 들고 조금만 더 걸어가면
봄 하늘 아래 푸르른 작은 솔밭 하나 나타나
흔들리는 갈대들 가슴 속 행복으로
숨 가푸게 달려 온다

아파트 아래의 솔 숲
아름드리 노송의 자태들이
예사로운 나무들 아닌 귀족들이다
누구나 어디서나 볼 수 있는
솔가지들이 아니다

조선의 명물
아름드리 노송에게 반했지
쪽빛 가람에게 반했지
속삭이는 행인들
느릿느릿 살아 온 자신들의 삶을 반추하듯 두 손을 꼭 잡고
손잡고 거니는 정겨운 노부부의 평화로운 가슴에서
느껴지는 박하 향기
그 가운데로
정겨이 함께 거닐던 쌍쌍의 부부들도
아름다운 밀양에서 노년을 살리
아담한 전원주택 두 채 지어
이웃으로 함께 살리
다짐하며

돌아오는 길
이미 내 노년의 텃밭에는
푸르던 고추가 붉게 익어가고
뒷 뜰 감나무에서 잘 익은
연시 하나
뚝
떨어져 내린다

6월의 노래

6월의 하늘
당신의 눈부신 모습을
나는 잊지 못하여
긴 밤 지샙니다

유유히 흐르는 꽃구름 사이로
아득한 연둣빛 숲 길 열어 재치고
무성한 죽음의 푸른 솔가지들이 흔들릴 때
그제야 우리는 알았습니다

전쟁과 평화
아득한 역사와 죽음의 수레바퀴
아직도 끝나지 않았음을
어미 잃은 새 한 마리 하늘을 날듯
홀로 외로운 몸부림 칠 때
비로소 알았습니다

영원한 역사의 수레바퀴들

오직 공의로우신
당신이 돌리고 계심을
분명히 알았습니다

사랑은 별과 같아서

달빛 아래서

그대에게
편지를 씁니다
그리움으로
하얗게 눈물로 써 내려간
달빛의 사연들을 적어
그대에게 보내는
사랑의 연가
흐르는 달빛 속
그리운 님 얼굴 보이고
보고픈 마음의 꽃잎들
아스러지는 달빛 속
피어나는데
나의 사랑은

그 어디 계시기에
보이지 않아
가슴 태우는 밤
하늘 가득히
달빛만 아스러지듯
안개꽃으로 피어
흐른다

멈출 수 없는 사랑_1

가람으로 흘러라
높은 하늘을 떠나 낮은 땅으로
유프라테스강을 지나 갠지스강으로
달려오는 아득한 그리움
행복이기에 생이
늘 맑은 날이라면
누가 빗물 속 한 송이 꽃잎 피우랴
밋밋한 권태의 일상을 벗어 난
향기로운 공원길의 바람 한 점처럼
멈출 수 없는 물빛 사랑으로
수놓으며 살라

숱한 꽃잎들의 향기
사랑이 어디 하나뿐이랴
아늑한 어머니의 자궁 속 벗어나
신비로운 이승의 사랑 눈 뜰 때
영원을 약속하던 첫 입맞춤
가슴 속 꽃잎으로 피우고

멈추지 말라
생의 마지막 눈물이 떨어지는
한 잎 낙엽들이 슬픔에 잠겨
무덤에 내려가는 그 순간까지는
살아있으므로 노래하고
사랑함으로

멈출 수 없는 사랑 _ 2

별빛 아스러지는
풀밭 위 그림자와 함께
갈 섶 우는 강변 위 쌓여가는
그리움의 꽃잎들

무정한 세월은
하늘의 별꽃 꽃피우고 달꽃 피우고
어느새 아침이 오고 밤이 오고
달이 뜨고 별이 뜨고 꽃이 피고
마침내 그대도 가고
가슴엔 단풍잎만 붉게 물들어 주는
또 하나의 가을이 온다

시계는
꽃 피는 열아홉에 서 있다
그 강변에 그대로
기다림으로 함께 있고픈 맘
그대의 그림자도 함께
꽃으로 피었다
아픔도 그리움도
모두다 사랑이라 말하며
눈물겹던 추억들
에메랄드빛 등을 보이며 사라져가는

골목길에 멍하니 멈추어 서 있는
그 시간

엇갈린 사랑
타인의 사랑처럼 철저하게
또 하나의 가슴이 찢어진 후에야
비로소 낙엽 쌓인 공원 중앙에 세워진
우리들의 멈출 수 없는 사랑
강물이 되고 꽃이 되고
별이 되기에

멈출 수 없는 사랑 _ 3

한 영혼 위하여
찬란한 하늘나라 버리신 채
사랑의 눈 먼 새 되어
오신 임이시여

황금 면류관 써 보라고
조롱하는 무리들 비웃음 속에서도
열두 천사 부르지 않으신 채
순응하시는 겸허함

베임을 당한 한 그루 나무가
다시 피어나 부활의 향기 발하듯
아름다운 순교의 꽃 피어나는
내 영혼의 뜰

천 년의 기다림 속
애절한 그리움의 향기만 남겨둔 채
손 흔들며 떠나신 임 그리워
보고파 잠 못 드는 애틋한 사랑으로
땅 끝까지 흘러라

십자가 사랑
바다의 꽃으로 피는 날까지
죽음보다 강한 사랑의 향기 발하며
영원한 사랑의 바다 찾아서
끝없이 흘러라

사랑에 대하여

사랑이라니
죽도록 사랑한다 고백한 후
어느 날 문득 뒤 돌아서
또다시 누군가를 사랑하고
누군가를 그리워하며
사랑이라니

깊은 바닷속에서
아픔을 견뎌낸 그리움의 시간들
한 알 진주로 여물어가는
소중한 사랑의 순간들
그 숨겨진 고통의 행복들
황홀한 아픔

누군가 말 하였네
빛나는 진주를 홀로 보고파
아무도 주지 않으려 감추어둔 채
비밀스런 하얀 속 살 보고파
살며시 깨뜨려 보니

깨어진 진주 속 가득히
빛 잃은 하얀 모래알뿐이더라고

사람아 들어 보련
사랑 또한 무엇 다르리
죽음까지 함께한다 할지라도
뒤돌아서 이별하면
깨어진 진주 알갱이 속처럼
허무함 뿐

사랑이 끝나면
남남보다 못한 연이 되어
뒤돌아 설 것을

다시 쓰는 詩 한 편

보고픈 마음에
바닷가 모래 위에
"사랑해요" 라고 써 놓고
지우고 다시 쓰는
연인들처럼
가슴으로
쓰는 편지 한 장
"사랑하는 죄"
수줍은 듯 지우고
다시 쓰는 맘
꽃빛 그리움들이지
달빛 속 감춰 둔
첫 사랑
손끝으로 다독이며
깊이 감추려고 할수록 더욱 더 드러나는 건
연못 속 감춰둔 별빛뿐 아닌 보고픈 마음
누군가에게 들켜버린 순간
붉어진 두 뺨
분홍빛으로
그림 한 장 그린 후
부끄러운 마음에
자꾸만 덧칠을 해
까만색 하늘이 된 듯

보이지 않는
진실
한 생애
사랑과 영혼을
노래하듯 글을 쓰는
詩人의 마음
누가 알까
그 설레는 핑크빛 가슴
그리움의 언어
꽃 피는 사연 속
그 香氣

사랑은 별과 같아서

참 사랑은
시간이 지나갈수록 더욱 더
아득한 어둠 속에서도 찬란한 빛으로
곱게 반짝이는 별이지

수억 광년 전부터
말없이 존재하던 별빛들이
긴 잠에서 깨어나 빛을 발하듯

사랑 또한 별과 같아
함께하는 시간보다 잊혀진 후에야
더욱 더
하늘의 별빛처럼 찬란히 반짝이는
그리움의 빛으로 반짝이는
별이다

가슴 속 그리움은
밤하늘에 빛나는 별빛처럼 오늘도 찬란하게 빛나지만
거부할 수 없는 현실 속
도피할 수 없는 환경들
모두가 다 소중한 꽃잎들이기에
아직은 찬란히 빛나지 않을지라도
아름다운 추억이어라

흔 들 림

산꼭대기에 서 있는
거목의 흔들림 외로움인가
긴 몸부림은
비바람 치는 날 쌓이는 꽃잎만큼이나
가없는 은총의 두께
그것은 정녕 처음 느끼는 순수의 깃발인가
이른 새벽 미명에 유다 갈릴리 산에서
외로움 떨치고 일어선
주님의 십자가 향한 마음으로 나도 서리라
비록
비바람 불어오는 빈 가지 사이로
새 순 돋는 마음 아파도
온 밤 지켜선 눈부신 천사들의 눈망울
그 고요함 속 흔들림이기에
가람처럼 흘러라

하늘에서 땅으로 흐르는 물줄기 그대로
가슴을 열어 흐르게 하라
멈출 수 없는 사랑

영원히

해바라기 사랑

한 세상
바라보는 사랑이어도
해바라기처럼 밝고 맑게
웃으며 살고파서
피어나지요

지난 날
이루지 못한 아픈 사랑일랑
바닷가 하얀 모래밭 위 그려 놓고
이제는 밤하늘의 별빛처럼
반짝이는 눈부신 아침 햇살 속에서
환하게 웃으며 살아야지

사랑했기에
다시는 그대를 만날 수 없어도
그대의 깊은 사랑을 가슴에
남은 삶의 고운 사랑의 향으로
말없이 피워 나가며
웃으며 살리라

언젠가 그대가
그대 깊은 가슴에 묻어 둔
내 모습 그리다가 견디지 못하면

그때는 용기를 내어서
비록 만날 수 없는 하늘과 땅 같은 사랑이래도
내 두 뺨에 타 내리는 조용한 눈물이 되어
말없이 찾아와 그대가 내게 고백했던 그 한마디
그 날엔 더욱 용기있게
말해주기를

순수한 눈빛으로
새악시처럼 수줍은 듯 고백하던
그 한 마디 "사랑해" 라고
변함없이 말해주면서
언젠가는 웃는 얼굴로 다시 만나길
기도합니다

풀꽃 반지

거울 앞에서
나를 쳐다보는 또 하나의
낯 익은 눈빛의 마주침
평안함이다

갈색 코트를 걸치고
다시 머리 결을 쓰다듬으면서
핑크색 립스틱을 바른 후
가느다란 손가락에 끼워지는
풀꽃 반지 하나

비록
빛나는 다이아몬드는 아닐지라도
거울 속에서 반짝이는 순간
세상에서 가장 값진 보석처럼
빛나는 보물이다

가슴으로 느껴보라
도시를 울리는 소음처럼 들리는
넘쳐나는 사랑의 언어들 속
한 편의 시처럼 농익은 그리움으로
고백하는 영혼까지 사랑하면서
진실한 가슴으로

향기 없는 꽃잎처럼
슬픈 인스턴트 그리움의 시대 속에서
누구에게도 약속한 적 없는
스스로의 약속을 지키려
죽음보다 강한 사랑의 이끌림으로
영혼까지도 그리워하는
깊은 사랑

그대
영원한 사랑의 언약
풀꽃 반지

어느 외로운 날의 日記

지천의 연속에서
스스로 벽을 치고 살아 온 높은 담
저 홀로 느끼는 고독의 무게들
외로웠던가

스스로 사색을 즐기듯
조용한 찻집을 찾아 즐기는
잿빛 고독도 매일 즐겁진 않지
가끔 갯 내음이 그리운
외로운 날엔
바다를 보러 가야지

제 잘난 맛에
갯뻘 위로 펄쩍뛰는 망둥어
동네 시장 노점상 할머니
살아 숨 쉬는 생의 뜨거운 숨결로
또 다시 살아있음을 확인하듯
가슴에 행복 꽃 피면

사랑을 하자
마지막 잎새 떨어질 때
그때 멈추어서도 늦지 않을
꽃잎의 사랑

아직은 사랑하면서
보고픈 가슴에 향기 발하며
가슴으로 그리워 하면서
그렇게 사는 거야

외로운 날엔
오래 된 기억 속 떠오르는
그리운 이름을 불러보는 거야
그동안 잘 살았느냐구

휴~ 하면서
그동안 쌓인 삶의 먼지들
툭툭 털어 내면서
외로움을 함께 나누는 거야
사람이기에

눈꽃 여행

열일곱
설레는 소녀의 가슴처럼
누군가 그리워지는 날
함박눈 펑펑 내리면
완행열차를 타고 떠나지
그리움으로

밤 새
하얗게 내려 눈 덮인 산야를 지나며
나는야 세상에서 가장 아름다운
눈꽃 여행을 즐기면서
눈꽃 속에서 마음을 씻고
영혼을 씻어

하얀
물감 하나 타지 않아도
스스로 타락한 세상 속에서 물든
저녁노을 빛
내 영혼을 희게 하리라

믿음으로 살다
거친 세상 속에서 지친
내 영혼

빨갛게 타는 내 사랑보다
더 붉은 십자가 선혈
한 방울 한 방울 사랑으로 피어나는
저 하얀 눈꽃 위에서
하얗게 피어보리

내 영혼
눈처럼 하얗게
할 수만 있다면 그리하여
죄로 물든 이 마음을
씻고 또 씻으며
저 눈꽃 속 한 송이 꽃으로
신비롭게 피어나
사랑과 그리움을 노래하는
눈꽃으로

평행선 사랑

적당히 가까운 곳에서
저 만치의 간격은 유지하면서
자신의 아름다움을 지켜나가는
하나의 고운 평행선처럼

지난여름의 추억들
타는 노을빛 가을의 노래들
영원히 만날 수 없어라

길지 않은 한 생애 속
그저 그렇게 정겨운 이웃으로서
그저 그렇게 허물없는 동무가 되어
하나의 아름다운 선을 그리며
말없이 걸어야 하리
사노라니 때로는
약간의 그리움 같은 것이라 하여
더러는 약간의 설렘 같은 것이라 하여
다 그러한 꽃잎의 사랑일까요

수 천 년을 두고도
변함이 없는 한 마리 고고한 학처럼
천 년의 사랑으로
소중한 믿음을 지켜나가며

평행선의 당당한 품위를 지켜나가면서
가던 길 그대로 걸어야 하리

평행선이기에
만날 수 없는 아쉬움으로
이별 없는 정겨운 이웃의 사랑으로
한 줄 아름다운 평행선으로
그대로 곧게 곧게만

첫사랑이 그리운 밤

달빛 아스러지는 정월 대 보름날 밤
눈물은 강으로 간다
열아홉의 시간이 멈추어 선
푸른 강변의 풀 섶
달빛 아래로
보고픈 그리움이 있는 사람들은 무엇으로 견뎌 내는가
첫 사랑의 아픔이 그리움의 별이 되어서
다시 하늘에 반짝이는 사랑
눈물처럼 빛날 때
하늘이 갈라놓은 아픈 이별
서로의 애태움은 그렇게 추억으로 남기운 채
다시 신의 여인이 되고자 했었던
숱한 세월의 몸부림들
하늘이시여, 비오니!
생애 단 한 번만 참사랑을 하게 하여 주십시오
간절히 빌던 그 한 사람
지나온 세월 속에서
수 없이 되 뇌던 한 편의 시를
아직도 못다 쓴 채 울고 있는 늦은 밤
생은 또 이렇게 구름을 안고 흐르고
구름은 다시 바람을 안고 떠난다
비밀 서랍 속 수수께끼들
안개 속에서 춤추던 종이인형의 환상들

영원한 사랑의 언약들
아무도 모르게
밤마다 무릎 꿇던 수많은 참회의 시간들
환상 속에 보이던 알 수 없는 신비스런 미래들
준비하여야 할 순종의 행위들
나는 이 밤도
다시 나를 버리고 서야 할 하얀 눈빛 앞에서
그립다는
언어를 대신하는
눈물 편지를
띄운다

사랑하지 못한 죄

잔잔한 평안 속에서
저 홀로 의인인 듯 스스로 자만했던
어리석은 죄 범한 참회의 기도
온 밤 지새워도

아름다운 혈육의 영혼 속
배신으로 상처를 주던 그 한 사람
말로만 용서하는 삶으로
참 용서 하지 못한 채 병들었던 삶
아픔과 고통뿐이었네

소중한 영혼들을
때로는 가슴으로 사랑하는 것마저 죄라고
어느 날 문득 스스로 가슴을 치며 깨달아 알게 되던 날
그분이 용서한 영혼을 사랑하지 못 했던 죄
못난 영혼의 옹졸한 모습을 보며
눈물로 참회했다네

철로를 이탈한 열차처럼
때늦은 사랑의 아픔이 얼마나 고통이란 것을
그때는 처음 본 낯선 광경이었기에
무심코 스쳐 지날 수밖에 없었던
한 영혼의 고통스런 죄

눈물의 십 년 후
나도 이젠 그를 위해서 기도하나니
사랑해서 안 될 사람들을 사랑하는 고통에 빠진
저들의 아픔을 제 아픔인 듯 느끼며
가슴으로 용서하나니

문득 보게 된
한가로운 들길의 호박꽃 속에 뒹굴며
몸부림치는
한 마리 꿀벌 보면서

백지 편지

말없이
그저 하늘만 바라보다가
할 말을 잊어버려
한 참을 생각해 보지만
생각이 나질 않아
바라만 보았다

내가 그댈 그리워하듯
어쩌면 그대도 날 그리워하며
한 장의 편지를 쓰고 있을까 상상의 나래로
꿈꾸듯 황홀한 순간들

나의 사랑 그대처럼 나도
하늘의 금빛별을 따다가 빛나는 화관을 엮고
한아름 들꽃 꺾어 가슴에 안으면
시린 영혼 가득히 그대의 향기로
영혼 가득 행복을 느끼는 들국화 향기로
황홀한 입맞춤으로 달려갈 것을
안타까워라

나는 그대처럼 고운 향기도 드러내지 못하는
백지 편지로
보고 싶다는 말조차 못한 채

멍하니
가을 하늘을 보며 편지 한 장을 띄우는
바보

순간
날아드는 사랑의 우체부
네 잎 클로버 행운
밤을 지새우는 가슴앓이
영혼의 고백

천고마비의 하늘 아래
갈대처럼 흔들리는 몸짓으로
나는 너를 사랑한다
고백하는

백지 편지

오! 사랑!
그 영원한 목마름이여~

오! 사랑!

그 영원한 목마름이여~

사막의 나그네

갈한 목 줄기 한 모금 물을 찾아 헤매듯

끝없는 방황의 길목에서

그댈 만나면

그대는 언제나 수가 성 우물가에서

물 위에 한 잎 나뭇잎으로 편지를 띄우고

사랑을 고백하셨습니다

오! 사랑!

그 영원한 목마름이여~

갈한 목줄기 가득히

영원히 목마르지 않는 생수로

만족함의 행복으로

포만감을 느끼듯 춤추게 하시고

향기로운 꽃잎의 언어로

고백하게 하소서

나그네 인생길

비록 몸은 이곳에 있을지라도

마음은 임 향한 그리움으로 가득히

그 곳에 함께 머물게 하소서

봄비를 기다리다 지친

마른 땅에 긍휼을 부으시듯 단비를 내리시고
오랜 그리움에 지친 영혼들처럼
사랑의 홍수 속에서 사랑에 갈한 영혼들에게
영혼을 채우는 참 생명수 한 모금으로
마른 목 축이게 하소서

오! 사랑!
그 영원한 목마름 속 갈증들
임의 사랑 한 두레박으로 채우시며
행복을 노래하도록

꽃 지는 저녁에

꽃 지는 저녁 숲으로 가서
죽음마저 피해 가는 신비로운 사랑에 휩싸여
사랑과 영혼을 노래하는 그런 천향을 지닌
고운 영혼을 나는 만나고 싶다

꽃 무릇 붉게 피었다 지는 들길에서
십자가 지신 주님 위하여
발바닥을 긁으며 신음이 새지 않을 만큼 울어보았는가
누군가 물어 오는 말에 답을 잃어버린 건
비단 나뿐일까 하고 고심하지만
어차피 답 없는 이승의 사랑과 죽음이며
또한 아픔의 연속이던가

풀잎 같은 사랑을 잃고 난 후
아픔 속에서 더욱 더 성숙한 가슴 열어서
세상을 더 멀리 보는 여유로움으로 살다가
조금만 깊게 더 사랑하면 지는 꽃잎이 될까 하여
열꽃으로 피어버린 영혼의 아픔을
딛고 일어나
다시 오실 주님을 맞을 준비하면서
그리운 아버지의 하늘을 보라고 말해주던
아름다운 천향을 지닌 그 한 사람

오늘 밤
꽃 지는 저녁 숲으로 가서
나는
다시 만나고 싶다

깊은 밤에 쓰는 편지

生은
늘 떠도는 바람이런가
흔들림으로 서는
안개꽃처럼

그리움으로
삭막한 아스팔트 길 위에서
바스락 거리는 가랑잎
소리를 들으려 귀 기울이는
꽃빛 영혼들

외로워
희미한 가로등 아래서
낙엽처럼
저 홀로 뒹굴다
멈추어 서면

마침내
누군가의 가슴 속으로
소리 없이 걸어 들어가
사랑에 빠지고

생은
 다시 한 번 더
희망을 꿈꾸듯 기지개하며
멀리 바다를 바라보다
깊은
작은 돛단배 하나 쓸어안고
사랑에 빠진다

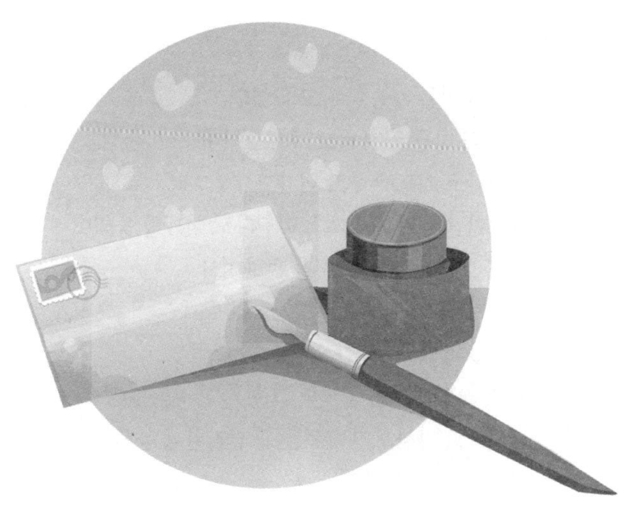

한 영혼을 위하여

사랑하고 축복합니다
비록 작은 눈물의 기도라 할지라도
칠 흙 같은 긴 고통의 늪 속에서
화려하게 포장된 가식의 겉옷을 찢으며
행여 지금껏 살아오면서
무심코 던진 내 언어의 씨알로 인하여
상처 받았을지도 모를 이름 모를
한 영혼을 위하여
기도합니다

그 누구보다도
작은 사랑의 향기를 가슴에 담고파 했던
초라한 이름 석 자를 잊지 않으려 애쓰시며
아픔을 쓸어안고 기도해 주고 싶다고
때로는 화려한 자리가 가엾게 느껴진다고 어깨를 울먹이며
기도해 주던 소중한 그 한 영혼을 위하여서

꽃잎을 닮은 듯 어여쁜 그 한 영혼
별빛을 닮은 듯 반짝이는 눈빛의 그 한 영혼
그윽한 눈빛으로 바라보면 빠져들 듯 잔잔한 웃음을 지닌
고마운 그 한 영혼을 위하여

더 없이 사랑하는데도
아직껏 내 사랑이 그 가슴에 가 닿을 수 없는
상처로 얼룩진 영혼의 수채화 한 폭
그 한 영혼을 위하여

오늘 밤처럼
이토록 삭막한 도시의 밤하늘에 별이 유난히 반짝이면
희미한 기억의 안개 속으로 떠오르는 수많은 별빛들 가운데
그 찬란한 빛 속에서 저 홀로 외로이 신음하며 방황하는
그 한 영혼을 위하여 기도합니다

살아있다면
지금도 이 세상 어디에선가
어쩌면 그가 내게 준 상처의 기억 한 자락
진심으로 잊지 못해 미안한 맘으로
초라한 내 작은 이름 석 자를 불러가며
온 밤 기도하고 있을지도 모를 일이지만
나는 여기서 그 한 영혼 위하여
기도합니다

첫 은혜

첫 은혜

어디쯤 두고 왔을까
가진 것 다 주어도 아깝지 않았고
누가 날 미워하여도 밉지 않았던
첫 은총의 벅찬 감격들

세상 욕심 모두 다 버리고
밤마다 눈물로 헤엄치던 은혜의 바다
설렘, 그리움, 흥분, 행복, 감격의 나날들
빛바랜 삶 속으로 사라졌으나
다시 한 번 더 오라

십자가 앞에서
뜨거운 회개의 눈물로 마주하던 그 순간
허허로운 빈 들판에 홀로 던져질지라도
다시 불같은 믿음으로 거뜬히 일어나 달릴 듯
당당하던 확신의 체험
황홀한 성령의 입맞춤이여
거부할 수 없는 사랑의 오묘한 몸짓으로
다시 한 번 더 뜨거운 사랑의
깊은 체험으로 오라

회복하리라
창살 속 어둠을 쓸어내던 그 빛줄기
바람부는 빈 들판에 홀로서도 두렴 없던 그 시절
그 당당한 믿음의 자태로
온 밤 핏빛 찬양의 은총으로 순교의 길 꿈꾸면서
남은 삶 눈물로 채워나가는 참회
순결한 영혼 속으로 오라

生이 다하는 날까지

생이 다하는 날까지
항상 함께하고픈 사람으로
옷깃에 젖어든 이슬비처럼
그대가 가슴 속 빛나는 별꽃으로
피어오시면

죽음보다 강한 사랑의 향기 앞
하나님은 또 다시 빙그레 웃음으로 서 계시고
무수한 꽃들이 피어나는 신비로운
뜰 하나 만들어질 때

그 놀라운 사랑 속
하늘엔 천사들 찬양소리 흐르고
어느새 신비로운 오색 꽃잎들
향기로 채워져
그대의 정겨운 웃음함께
봄 개울을 지나리

두려워 말라
이루어질 수 없는 사랑은 어차피 아픔일지라도
꽃잎 닮은 그리움은 행복이어라
아득히 멀리 있어도 함께있는 향기 느끼듯
함께 있어도 아득히 멀어진 가슴 느끼는 우리들의 영혼 가득
오늘도 수 없는 사랑의 꽃잎들 피고 또 지느니

오늘도
이제 갓 피어나는 사랑의 여린 꽃잎에게
온 생을 바치듯 깊이 젖어 보라
느껴보라 그 사랑의 뜨거운 열정 속
그 신비로운 사랑의 늪으로
눈 먼 새의 날갯짓처럼 바보스런 몸짓으로
웃음 지으며

밤사이에
백 만 송이 꽃잎을 피우는 신비로운 마법사처럼
서둘러 어른이 되고파 했던
어린 시절 그리워하는
아름다운 동심 속 기억 하나를

생이 다하는 그 날까지
목 메이도록 부르다
찾기 위하여

가시 꽃

영혼의 숨결
생명 다하는 그 순간까지
사랑하리라

자신도 모르는 사이에
나를 찌르는 가시 같은 어두운 너의 마음도
모두 다 사랑으로 웃음꽃 피우며
들꽃 한 아름 안고 서 있는
저 순백의 웃음꽃 소녀의 마음으로
모두 다 감사드리며

십자가 사랑 나타내는 말없는 희생으로
손 내밀어 행복을 노래하는
한 마리 새처럼

꽃피는 봄이나
오곡 열매 주렁주렁한 가을날이나
열매 없는 앙상한 겨울 나뭇가지 위
불평 없이 온 종일 감사드리며
사랑하며 살리라

모진 바람 속
흔들리다 가시에 찔림으로 향기나는

산 속 가시밭의 백합화처럼
그윽한 사랑의 향으로

사랑하노라 하면서도
때로는 푸른 가시 날 세운 듯
온 몸 찌르는 거친 언어들마저도
모두 사랑으로 보듬어 견디며
날마다 거듭나는 기쁨으로
사랑하리라

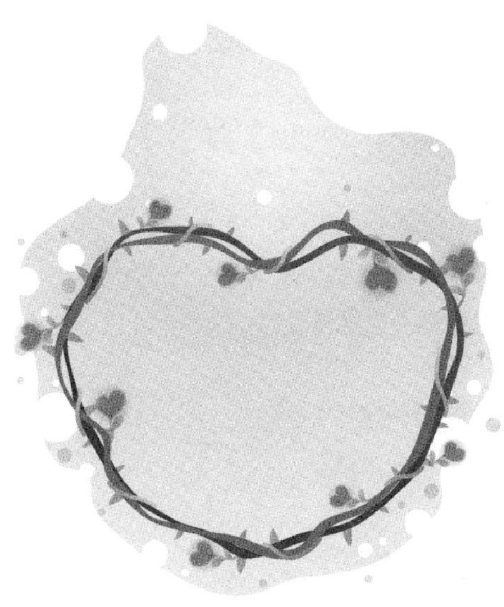

하루의 기도

눈부신 햇살 속
감사로 또 하루의 창문을 열고
온 종일 찬양으로 구원의 감격 누리다
또 다시 감사로 마무리하는 기도
모아서 한 생애가 되리

主님 주신 것 감사 뿐
고난이 유익이라 고백하면서도
지난 날 어찌하여 불평하며 살아왔는지
뒤돌아보니 후회스런 부끄러운 나날들
회개하오니 主님 날 용서하시고
축복하소서

아름다운 사계절
꽃피고 새우는 복음의 땅
민족의 가슴마다 복음의 씨알 뿌리고
사계절 성령 열매 맺게 해 주신
主님께
하늘 아래 땅 밟는 행복도 눈물도
오직 감사 뿐

천고마비의 가을 하늘 아래
붉게 물들어가는
아름다운 오색 단풍들 바라보며
꽃잎 같은 영혼이 되리

내게 사랑과 기쁨 주시는
주님께 감사드리는
하루의 찬미

고해성사

사실은
빛깔이 제 아무리 아름다운 꽃이라 할지라도
깨어나기 싫은 황홀한 꿈이라 할지라도
하룻밤 꿈처럼은 안 살래요
꽃처럼도 안 살래요

아무리 화려해도
한 순간 햇볕에 시들어 지는 꽃
하룻밤 이슬에 사라지는
꿈처럼은 싫어

사실은
영원히 시들지 않는
아름다운 천국의 꽃잎처럼
언제나 곱게 피어서
험한 세상 속 예수 향기 발하다
하나님 진리를 나타내 보이고
축복의 도구로 쓰임 받고
성령님 동행하고

끝내는
시들지 않는 영원한 생명의 꽃잎으로
천국의 뜰에 다시 피어나는
행운

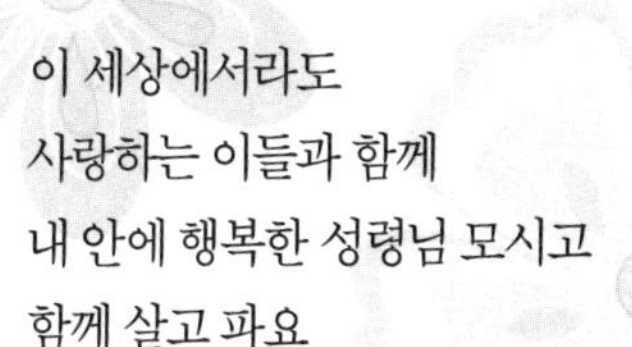

이 세상에서라도
사랑하는 이들과 함께
내 안에 행복한 성령님 모시고
함께 살고 파요

다시 믿음의 사람이 되어

긴 몸부림으로
온 밤 눈물로 지새는 고독한
순례자의 영적 전투
깊은 밤 홀로 남아 기도하던 야곱은 알리
천국으로 가는 금빛 지도 한 장 들고
십자가 지는 길
이제 남은 삶
축복의 도구 되고파 흘리는 눈물 기도들
삶으로 아멘 하리라
다시 일어나 달려가리라
낙타처럼 달려가리라
무릎으로

오랜 세월 속
멈추었던 심장을 다시 뛰게 하고
시들어져 있던 영혼의 뜰 다시 꽃 피우며
식어진 첫사랑의 행복 느끼는 날까지
눈물로 달려보리라
후회하여 보아도
흘러간 물은 다시 오지 않으리니
고난의 어제를 기뻐하는 오늘
축복이라 고백하며

이제 다시 일어나 뛰고
물결 거슬러 올라가는 한 마리 작은 피라미처럼
힘차게
거센 세파를 거슬러 올라가는
믿음의 사람이 되어
다시 달린다

가난한 牧師의 아내

온 천하보다 소중한
한 영혼을 사랑하는 훈련으로
지금껏 달려 온 길이지만
임 위해 한 일이 너무나 작아
떨리는 영혼의 무게
십자가 버려 둔 채
걸어서 천국까지 갈 수 있는 길이라면
그 누가 눈물의 십자가 지랴
가난이 아픔이라 고백하니
세상의 부자가 천국에 들어가는 일
낙타가 바늘귀로 들어감보다 어렵다 하시니
내 어찌 가난한 牧師의 아내 된 것
불평하듯 뒤돌아서랴
희생의 삶으로
백 번을 죽어 한 번 부활하면
그 영광 어이다 감사하리
호화로이 연락하던 소돔과 고모라
그 세속의 안락함 잊을 수 없어 뒤돌아보아
오늘까지 그 자리 소금 기둥으로 서있는
어리석은 롯의 아내처럼 되지 않기를
오늘도 나는 간절히 기도하오니
불어오는 바람 속
흔들리는 나무의 몸짓 멈추게 하소서

파도가 잠든 바다의 고요함으로
내 사랑하는 영혼들
평안케 하소서
남은 삶
별빛 아스러지는 강변에서
부드러운 옷깃을 스치는 임의 음성을 들으며
오늘도 내일도 가고 또 가야 할 사명의 길
생명을 버리면서까지 나를 사랑하신
임 따라 가게 하소서

물빛 종소리

별빛 아스러지는
강변에 서면 언제나 부르는
다정한 목소리 부드러운 손길들이
한 줄기 바람처럼 날아와
내 여린 영혼을 흔들고

삶에 지친
내 영혼의 옷깃 적시는
물빛 종소리로 들리어 온다

긴 세월
고통 속 버팀에 지쳐가는
그대와 나의
소중한 영혼을 위하여
눈물 흘리시며

회색빛 하늘 아래
생명의 씨알 뿌리시던
그분의 아름다운 손길들이
이제 다시 태어나는
고운 풀잎들
찬란한 영광의 노래로
불리어 질 때

잔잔한 여울처럼 번져가는
소리 없는 종소리
깊은 의미를 되뇌며

이 밤도
조용히 풀잎을 스치는
바람의
작은 속삭임 듣는다

날마다 마지막 시간처럼

아직은 열일곱인 듯
날마다 착각하는 삶일지라도
내일을 알지 못하는 인생이기에
소중한 나의 하루하루를
날마다 마지막인 듯 겸허한 자세로
조심스레 살아야 하리

아직도 덜 된 사람이
자칫 교만하여 깨질 듯 얇은 얼음판 같은 소중한 인생길
교만하지 않는 섬김의 흔적으로
오늘이 마지막인 듯 소중하고 값지게 살아가고자
두 손 들고 무릎 꿇는다

삶도 죽음도
한낱 한 장의 백지장처럼 얇은 하나의 벽 차이일 뿐
두럼 없는 평안을 만끽하여 주 안에 사는 날
기쁨 중에도 날마다 마지막 유언장을 쓰듯 조심스런 언어로
삶과 죽음에 대한 초연한 마음으로 살기 위해

이 땅에 머물 미련보다도
표현 못할 그곳에 대한 그리움이 더 깊고 그윽해
삶보다 죽음이 더 행복하게 느껴지던 그 죽음의 체험 시간들
주님 품 확신의 체험들 까닭이어라

가끔씩 깊은 꿈속에서
나는 성령의 새 술에 취한 듯 행복하여 울고
깨어나면 언제나 현실과 꿈이 하나인 듯
자꾸만 꿈속으로 빠져들어 혼동하는 시간들 속

나는 또 다시 설레는 맘으로
꿈같은 하루를 찬양으로 이끌어 뜨거워진 영혼
어느새 나도 모르게
천 근 만 근 무거웠던 몸마저 하얀 깃털처럼 가벼워지고
공중에 떠오를 듯 흥분된 느낌들

세상 근심 걱정 잊어버린 채
마법에 걸린 듯 행복한 순간의 연속으로
날마다 천국으로 간다

간혹
꿈속에 꿈을 꾸고
꿈속에 꿈이 이루어지는
꿈같은 현실 속
꿈속에서 깨어 난 이른 아침
너무 기뻐서
마법처럼 신비한 성령의 능력으로
나도 몰래 소리쳐 찬양드리는

행복한 삶 속에서
기도하는 날

나의 영혼은 한 장의 아름다운 마지막 유언서를 써 둔다
가슴으로 말하지 않으면
아무도 볼 수 없는 하얀 영혼 속
비밀의 글씨로

환 상

나는 보았네
사시사철 변함없는 초록빛 두꺼운 잎
모진 바람에도 쉬이 흔들림 없는
푸른 나무 한 그루

쓰러질 듯 넘어질 듯
뒤뚱거리는 모습 안타까워
잠결인 듯 눈물로 소리치는 순간
들려오는 목소리는

나의 사랑아
한 그루 나무 쓰러짐 나는 아노라
참새 두 마리 팔려가는 사연도 알고 있거늘
너의 영혼 흔들림을 내 어찌 모르랴
내가 널 붙잡고 있노라

날마다 지천으로 피는 사랑의 꽃잎들
향기 없어 나는 버렸느니
너는 나의 아끼는 동백나무 한 그루라
가장 아름다운 화분에 심어 내가 가꾸리라

나의 사랑 나의 신부야
나를 바라보아라

안개 속에서 만난 하나님

꿈인 듯 생시 듯 보이는 것
세상사 불평하면 온 몸 얼어 죽어 간다
감사하면 다시 되살아나는 신비로운 얼음관 속
또 하나의 다른 세상 이야기들
죽음의 세계는 너무도 평온 하였네
두려웠던 평소의 관념과는 거리가 먼 황홀한 죽음의 또 다른 세계
깊은 평안과 안식만 느껴지는 그곳에서
세상 그 어느 초대보다 더 아늑한 자리에 귀인의 모습으로 초대 받
은 느낌으로
마주 않은 죽음의 천사에게 정중하게 인사를 했었지
이렇게 잠시라도 죽음의 세계로 초대해 주어서
진심으로 감사하다고
감사하다고
연신
감사함으로

한 시간 동안 보여주신 소중한 교훈은
내가 살린 금 비둘기 한 마리 스크린에 비추시며
영혼 없는 비둘기 한 마리 죽어가는 것 불쌍히 여기는 그 마음으로
안개 속에서 방황하는 영혼들에게 복음 전하라 하시고
한 점 안개보다 작은 나에게
온 우주보다 크신 전능자 하나님 친히 찾아오셔서 언약의 황금가락
지 끼우시며

깊은 사랑의 관계 맺으신 황홀한 사랑의 순간들

오! 놀라워라
원망하면 점점 더 얼음으로 채워지는 죽음의 관 속
영으로 감사하면 사르륵 녹아내리는 두터운 죽음의 얼음옷
그날 이후 나에게 설교하듯 졸졸 따라 다니는 그
하룻밤 꿈 속 신비로운 광경이여

깊은 환상 속
안개 속에서 만난 하나님
신비로운 죽음의 체험 시간들이여
안개 속에서 만난 하나님과 맺었던
영원한 사랑의 보혈 언약식
영원히 잊지 않으리

자운영 꽃피는 강가에서

기도하는 선민 앞
두 쪽으로 갈라지는 홍해의 기적처럼
변함없는 신비의 체험들
꽃피는 아침에

자운영 꽃피는 강가에서
하얀 하늘이 두 쪽으로 갈라지고
하늘 가득히 비둘기와 천군 천사들
함께 노니는 모습들 보며
뛰는 가슴 멈출 수 없어서
울었습니다

하늘
이 끝에서 저 끝까지
평안으로 내리는 비둘기들
수많은 천사들의 정겨운 눈빛들
한 마디 말이 없어도 영혼으로 느끼는
거룩한 언어들이 흐르고
시간은 영원이어라

평안한 영혼의 모습으로
생각만 하여도 가 있는 목적지들
황금빛 마차의 황홀한 여행들
여긴 어딜까
답하지 않아도 깨달아지는 언어의 나라

이 좋은 곳으로
믿음의 노아처럼 라합처럼
내 사랑하는 이들을 불러 모아서
함께 가야지
하늘의 황금 새 한 마리
나를 향하여 날아오는 황홀한 광경 속
자운영 꽃피는 강가에서
지금 오시고 계시는 나의 주님을
내 사랑하는 이들과 함께 모여
기쁨으로 만나리

빈집 찾기

 살점을 뚝뚝 쥐어뜯는 숨 막힘, 달려가 금새 누군가를 요절낼 듯이 살기등등한 심장, 아무리 후려쳐봐도 반응 없는 두터운 콘크리트 벽, 불꺼진 수영장 안을 맥없이 들여다보고선 분노, 기도를 드려도 금새 이루어지지 않는 답답함, 확인하고 또 확인했어도 잘못 본 강의 일정표, 눈물 한 점 없는 깡마른 가슴에 봄 비 좀 내려라.

 아뿔싸! 켜켜이 쌓인 작은 아픔 한 줌을 쓸어내려고 들었던 낡은 마당비 끝에서 미처 빠져나가지 못한 아픔 한 톨, 퇴적된 거름더미 속으로 떨어져 그토록 큰 아픔을 자라게 하고 있었구나.
 아무리 白合花이다 白雪이다 소리쳐 봐야 누가 듣기니. 마치 발가벗은 달팽이 알몸처럼 부끄러운 아픔. 투명한 그 얼굴로서야…

 손바닥 하나를 세워 눈물을 가린 내 시야 앞으로 "옷을 입어라" 섬광처럼 번득이는 詩 文學 교수님의 명 강의가 스치는 순간, 넋 나간 사람 마냥 멍청한 눈망울 속 태양이 이글거린다. 간신히 물속을 허우적거리다 올라와 옷을 찾는 투명 인간, 어둠 속에 홀로 깜빡이는 낡은 가로등 하나, 한 평생 둥지의 슬픈 노예가 된 채 살아가는 처량한 달팽이 한 마리, 생애 단 한 번 애절한 핏빛 울음으로 진실한 사랑을 남긴 슬픈 가시나무 새 한 마리, 이 옷일까 아니면 저 옷일까 입었다 벗었다 수없이 반복되는 시간 속, 착 달라붙는 촉감의 사이즈 하나 없이 모두 다 헐렁하고 어설픈 다윗의 갑옷들뿐이다.

 유월의 초하루 밤 강의 시간에

교수님! 제 몸에 꼭 맞는 옷이 없어요.
그 누구 앞에 입고 나서도 부끄럽지 않을
수수하고 아름다운 詩의 옷.

가슴 속 눈물
뚝 뚝 떨어져 내리는 밤
비집고 들어갈 빈집을 찾지 못한
고열의 분노 한 줄기
풀리지 않는 수수께끼처럼
또 다시
미궁 속에 가두어 둔 채
투명한
옷 한 벌 입는다.

순교자의 삶

어떤 색의 삶으로
어떤 색의 옷을 입고 살았을까
주님 앞에 선 그날 내 모습
그날의 내 모습

세상에서
주님 위해 믿음 지킨
순결한 신부의 하얀 옷일까
이웃위해 섬김의 삶 실천한
순종의 옷일까

세상의 달콤한 속삭임들
평안하리라 전쟁마저 그치고 평화하리라
웃음으로 칼을 든 사단의 병사들이여
예수의 피 묻은 영혼의 옷을 보라
순교자의 삶을 보라

거울 앞에서
벌거벗은 영혼의 수치를 숨긴 채
안락한 흔들의자에 앉아 노래하는 내 영혼을
골고다 붉은 피 묻은 순교의 옷으로
휘감아 이끄시면

내 영혼아
승리의 나팔로 출애굽한 이스라엘처럼
찬미로 세상을 떠나는 은총
찬양 속 춤추듯 사뿐사뿐 황홀한 죽음
천상의 문 앞에 마중 나온 천사들
성령님 그 품속에 행복으로
죽음을 맛보리라

수목원에서

수년 전만 하여도
더러운 오물 매립장이었던 땅이 변하여
향기로운 꽃들로 가득한 아름다운
수목원에서

예수의 보혈로 말씀의 능력으로
다시 태어나는 영혼들의 모습을 보는 듯
둘러보는 곳곳마다 신비로움으로
감탄하는 순간들

나는 깨달았네
죄악으로 가득했던 내 영혼 변하여
천국의 꽃 향 가득하게 해 주신
놀라우신 성령의 능력을

주님 밖에서 방황하며
세상의 온갖 욕심의 오물들로 가득했던
내 영혼 속 깨끗하게 덮어 주신
십자가 보혈 은총을

고난의 세월 속에서
사랑 희락 온유 절제 화평 양선 자비 충성 오래 참음
성령 열매 주렁주렁 맺게 하신 하나님께 감사하라
속삭이는 꽃들의 고운 언어로

주님 안에서
나 행한 것 죄 뿐이라 고백하며 울부짖는
안타까운 내 영혼 예수 보혈 이불로 덮으시고
이토록 아름다운 성령의 꽃잎 피우시는
하나님의 크신 사랑을 깨달았네

부활 꽃

삼일 동안
어두운 땅 속에서 견디다
드디어 기적의 꽃으로 피어나는 순간
온 세상 밝히는 향기는 내 안에
생명 꽃이어라

세상사 모두 다 뽐내면서
저마다 고운 꽃 모양새 나타내는데
흠모할 만한 고운 풍채도 없으시고
고운 모양도 없으신 임

광채로 반짝이며
영채로 반짝이는 영혼의 별이라
흙 속에 피는 부활 꽃이라
기도의 향기이어라

캄캄한 어둠 속에서
고통은 기쁨을 위한 아픔이었지만 부활의 영광으로 오신 예수
태양보다 밝은 천상의 등불
영원속의 별

그리운 고향 언덕 위
빛깔도 없이 피어 안으로 익어 가던
붉은 무화과 꽃

십자가 위에서
죽음으로 사랑을 고백할지라도
숨어서 안으로 피는 겸허한 주님의 마음
세상 그 무슨 꽃보다 아름다운 꽃 중의 꽃이라
쏟아 부은 향유보다 더 그윽한 향기
주님의 마음이어라
부활 꽃

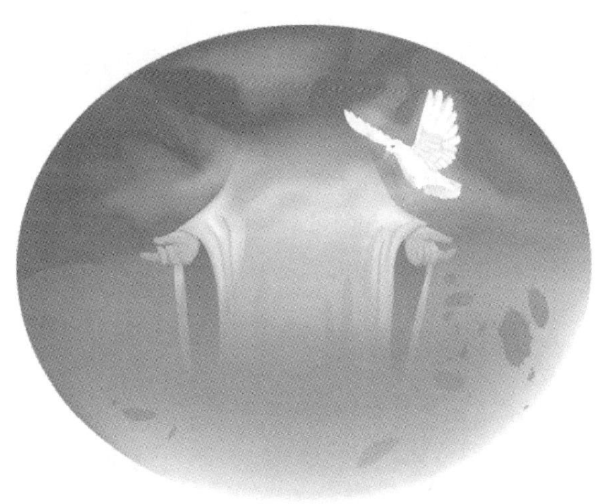

사랑 연습

영혼의 숨결
생명 다하는 그 순간까지
사랑하리라

자신도 모르는 사이에
찌르는 가시 같은 마음도
모두 다 사랑으로 웃음꽃 피우며
들꽃 한 아름 안고 서 있는
저 순백의 웃음꽃 소녀의 마음으로
모두 다 감사드리며

십자가 사랑 나타내는 말없는 희생으로
손 내밀어 행복을 노래하는 한 마리 새처럼
꽃피는 봄이나
오곡 열매 주렁주렁한 가을날이나
열매 없는 앙상한 겨울 나뭇가지 위
불평 없이 온 종일 감사드리며
사랑하며 살리라

모진 바람 속
흔들리다 가시에 찔림으로 향기 나는
산 속 가시밭의 백합화 처럼
그윽한 향으로

사랑하노라 하면서도 때로는
뾰족 가시 날 세운 듯 가슴 찌르는
거친 언어들마저도
모두 다 사랑으로 보듬어 견디며
날마다 거듭나는 훈련으로
사랑하리라

허수아비의 기도

금빛 벌판으로
참새 때 날아와 노래 부를지라도
온 몸 흔들어 줄 가을바람 불어오지 않으면
멈추어 선 허수아비처럼
성령님 기다리오니
갈급한 내 영혼 바람으로 오셔서
천 년의 잠 깨우는 황홀한 입맞춤으로
성령의 춤추게 하소서

방황하는 내 영혼
하늘을 날 듯 부드러운 몸짓의 사랑에 빠져
일어설 줄 모르는 꽃 속의 한 마리 나비처럼
밤새 깊은 신비로운 하늘세계로 여행하듯
성령의 꿀에 취하게 하소서
가지면 가질수록 더 가지고픈
무거운 세상 욕심 덩어리 미련 없이 던져버리고
나 이제
세상 근심 모르는 허수아비로 살리라

흔들리는 꽃잎처럼
성령의 바람 속 맡겨진 나의 영혼
감사의 몸짓으로 춤추는 삶
나눔으로 살게 하소서

소중한 존재

잊지 않게 하소서.
비록 소중한 사랑의 순간들이 영원으로 이어질 수 없을지라도 사랑
했던 사람들의 소중한 이름 석 자.
그 다정스런 눈빛까지도 오래도록 기억할 수 있도록 축복하여 주소서.
사랑했던 사람들, 그 추억들을 기억하게 하시고 세상 끝까지 함께
하는 은총으로 행복한 인생이게 하소서.
오늘은 사랑했을지라도 내일은 그대를 기억하지 못하는 비극적인
아픔이 없도록 오늘을 더 이상 욕심 부리지 않는 빈 가슴으로 내려
놓으며 먼 후일 소중한 존재의 상실 없이 사랑하는 사람들의 이름
을 모두 다 기억할 수 있음만으로도 행복하다 하게 하소서.
한 편의 영화 속에서 노년의 아름다운 모습을 보듯 화려한 꽃빛의
오늘보다도 늙어도 초라하지 않는 추억으로 내일을 함께하며 긴 세
월 속 함께 해 온 기억들 소중한 기억으로 함께 나누는 행복한 인연
이게 하소서.